Ustedes RECIBIRÁN PODER

DEREK
PRINCE

WHITAKER
HOUSE

Traducción al español realizada por:

Sí Señor, We Do Translations
P.O. Box 62
Middletown, DE 19709 E.E.U.U.

Jorge Jenkins
Tel: (302) 376-7259
E-mail: sisenortra@aol.com

Ustedes Recibirán Poder:
Recibiendo la presencia del Espíritu Santo en tu vida

Publicado originalmente en inglés bajo el título:
You Shall Receive Power: Receiving the Presence of the Holy Spirit into Your Life

Derek Prince Ministries
P.O. Box 19501
Charlotte, North Carolina 28219
www.derekprince.org

ISBN: 978-1-60374-220-7
Impreso en los Estados Unidos de América

Whitaker House
1030 Hunt Valley Circle
New Kensington, PA 15068
www.whitakerhouse.com

Para comentarios sobre este libro o para información acerca de otros libros publicados por Whitaker House, favor de escribir vía Internet a: publisher@whitakerhouse.com.

Este libro ha sido impreso digitalmente y producido en una especificación estándar para garantizar su disponibilidad continua.

Contenido

Parte 1:

Bautismo en el Espíritu Santo

Capitulo 1

Todos hemos sido bautizados en un solo Espíritu

Todos hemos sido bautizados en un solo Espíritu

El bautismo en el Espíritu Santo es un tema del que todo el mundo está hablando. He viajado y predicado extensamente en tres diferentes continentes, y dondequiera que voy, encuentro que el bautismo en el Espíritu Santo es el tema de interés, de discusión, y también, tal vez, de controversia entre los cristianos alrededor de todo el mundo.

Algunas veces, los cristianos tienen la impresión de que las cosas espirituales en su mayoría son un asunto de emoción. Por lo tanto, ellos creen que no necesitan mucha inteligencia para esto. Este es un error garrafal.

Al contrario, necesitamos poner mucha atención a la enseñanza de la Palabra de Dios. La información que vas a leer aquí no te va a ayudar mucho, a menos que la recibas usando tu entendimiento, conjuntamente con tus emociones.

La unidad del cuerpo

La primera Escritura que quiero mirar se encuentra en 1 Corintios:

> *Pues por un mismo Espíritu todos fuimos bautizados en un solo cuerpo, ya judíos o griegos, ya esclavos o libres, y a todos se nos dio a beber del mismo Espíritu.*
>
> (1 Corintios 12:13)

Este versículo necesita una cierta cantidad de explicación. Se han creado muchos problemas para muchas gentes con relación a esto, debido a las fallas de los traductores. Una característica muy importante del versículo es que se repite tres veces. Esto es algo muy corto, pero se trata de la palabra tan importante *uno*.

El propósito de Dios para la impartición del bautismo del Espíritu Santo es la unidad del cuerpo de Cristo.

No podemos apreciar adecuadamente este versículo, a menos que nos demos cuenta que el énfasis principal del apóstol Pablo no era una doctrina, sino la unidad del cuerpo de Cristo. Todos aquellos de nosotros que hemos tenido la bendición de haber sido bautizados en el Espíritu

Santo, nos hemos beneficiado a través de esta experiencia. Necesitamos mantener en mente, que el propósito supremo de Dios para esta impartición es la unidad del cuerpo. Muchas veces no hemos estado centrados en la línea de enseñanza y de revelación de Dios, debido a que nos hemos desviado de Su principio fundamental con relación al bautismo en el Espíritu Santo.

Sucede que yo solía ser un maestro del idioma griego en la Universidad de Cambridge, debido a que yo lo había estudiado desde que yo tenía diez años de edad. Por lo tanto, en este aspecto, me atrevo a decir que sé de lo que estoy hablando. Yo no dudo que algunos lectores también estén familiarizados con el griego, y que pueden revisar cualquier traducción literal, o algún comentario adicional, para revisar la veracidad de la modificación que voy a realizar a esta traducción. No te estoy pidiendo que aceptes esta menor modificación solo debido a mi preparación educacional. Al contrario, te estoy pidiendo que lo realices por ti mismo.

Bautizarse en cualquier condición es aceptar que la persona que ya se encuentra en esa condición.

Yo diría que 1 Corintios 12:13 estaría traducido en una forma más acertada de esta manera: "Porque *en* un solo Espíritu fuimos todos bautizados *dentro de* un cuerpo,...y a todos se nos dio de beber de un solo Espíritu". En primer lugar, la preposición en el griego original significa "en" y no "por". Se han hecho tantas interpretaciones de este versículo basadas en la palabra "por", y esto es una tragedia menor.

Con relación al origen griego del verbo *bautizo* que significa "bautizar", existen sólo dos preposiciones que lo acompañan en el Nuevo Testamento en griego. Una es *en,* que significa "en", y la otra es *eis,* que significa "dentro de". No existen otras preposiciones que sigan a este verbo en ningún otro lugar en el Nuevo Testamento.

"*En* un solo Espíritu", dice el versículo, "*todos fuimos bautizados*". El verbo *bautizados* se encuentra en el tiempo pasado, y no en el tiempo perfecto, y se nota un solo evento que se llevó a cabo en cierto momento de nuestra experiencia pasada. No es "hemos sido bautizados", sino "*fuimos* bautizados".

El significado de "bautizados dentro de"

Para que nosotros podamos apreciar completamente el significado de este versículo, necesitamos considerar ciertos pasajes paralelos en el Nuevo Testamento, especialmente con relación al uso de las palabras "bautizados dentro de", que es una frase bastante rara. Tal vez tú has encontrado gente que te han dicho, basados en la fuerza de este versículo, que a menos que tú hayas sido bautizado en el Espíritu Santo, tú no eres un miembro del cuerpo de Cristo. Yo creo que esto es algo muy terrible para cualquiera que lo dice. Yo respeto la sinceridad de aquellos que lo dicen, pero creo que es un error tremendo y fundamental.

Por lo tanto, antes de seguir adelante, quiero tratar de explicar el significado de 1 Corintios 12:13, por medio de hacer referencia a otros cuatro lugares en el Nuevo Testamento donde se usa la frase "bautizado dentro de".

Bautizados dentro del arrepentimiento

El primer lugar donde es usado se encuentra en Mateo 3:11: "*Yo a la verdad os bautizo con agua para arrepentimiento*". Esto literalmente quiere decir "*dentro del arrepentimiento*". ¿Acaso no quiere decir que la gente a quien Juan bautizó no se había arrepentido previamente cuando se encontraban en una condición donde necesitaban el arrepentimiento? Por supuesto que no. Esto es muy claro si tú ves los dos versículos que preceden:

> *Pero cuando vio que muchos de los fariseos y saduceos venían para el bautismo, les dijo: ¡Camada de víboras! ¿Quién os enseñó a huir de la ira que vendrá? Por tanto, dad frutos dignos de arrepentimiento.*
>
> (Mateo 3:7–8)

En otras palabras, Juan el Bautista estaba diciendo, "Demuestran con sus vidas que ustedes se han arrepentido, y entonces yo consideraré bautizarlos a ustedes".

Está muy claro que Juan bautizó a las gentes que él creía que ya se habían arrepentido. El bautizo de ellos era una evidencia externa del reconocimiento que habían tenido con relación a que se habían arrepentido; y si ellos creían que no se habían arrepentido, él no los bautizaba.

Bautizados dentro de la remisión de pecados

Siguiente, esta fue la respuesta del apóstol Pedro ante la pregunta de la multitud redargüida, después del derramamiento del Espíritu Santo en el día de Pentecostés:

> *Al oír esto, compungidos de corazón, dijeron a Pedro y a los demás apóstoles: Hermanos, ¿qué haremos? Y Pedro les dijo: Arrepentíos y sed bautizados cada uno de vosotros en el nombre de Jesucristo para perdón de vuestros pecados, y recibiréis el don del Espíritu Santo.* (Hechos 2:37–38)

"Sed bautizados cada uno de vosotros...para perdón de vuestros pecados" en el griego literalmente es "ser bautizados...*dentro* del perdón de vuestros pecados". ¿Acaso esto significa que sus pecados no habían sido perdonados antes de que fueran bautizados? No, eso sería contrario a toda la doctrina del Nuevo Testamento.

Sus pecados fueron perdonados cuando ellos se arrepintieron y pusieron su fe en Cristo Jesús. Entonces, ellos fueron bautizados como un testimonio externo de que los apóstoles reconocían que ellos habían cumplido con las condiciones necesarias. De nuevo, ellos ya se encontraban en las condiciones dentro de las cuales fueron bautizados.

Bautizados dentro de Cristo

En tercer lugar, veamos lo siguiente en el libro de Gálatas:

> *De manera que la ley ha venido a ser nuestro ayo para conducirnos a Cristo, a fin de que seamos justificados por fe. Pero ahora que ha venido la fe, ya no estamos bajo ayo pues todos sois hijos de Dios mediante la fe en Cristo Jesús. Porque todos los que fuisteis bautizados en Cristo, de Cristo os habéis revestido.*
>
> (Gálatas 3:24–27)

Debes notar nuevamente, que el orden es claro y decisivo. En el versículo 26, vemos que existe una sola condición para que una persona se convierta en un hijo de Dios—la fe salvadora en Cristo Jesús. Cualquier cosa que enseñe de otra manera es una falsa doctrina. En Juan 6:47, Jesús dijo, "*En verdad, en verdad os digo: el que cree, tiene vida eterna*". Esto se traduce más acertadamente como, "Aquel que cree *dentro de* Mí tiene vida eterna". Esta es la doctrina que defendió Lutero—justificación solamente por la fe. Lo único que se requiere es una fe activa en Cristo Jesús para que una persona se convierta en un hijo de Dios.

Entonces Pablo continúa diciendo, "*Porque todos los que fuisteis bautizados en Cristo, de Cristo os habéis revestido*".

Debes notar que ellos ya estaban *en* Cristo; entonces, ellos fueron bautizados *dentro de* Cristo como reconocimiento de que ellos estaban *en* Cristo.

Bautizados en la muerte de Jesucristo

Finalmente, vamos a leer lo siguiente en el capítulo seis de Romanos:

> *Nosotros, que hemos muerto al pecado, ¿cómo viviremos aún en él? ¿O no sabéis que todos los que hemos sido bautizados en Cristo Jesús, hemos sido bautizados en su muerte? Por tanto, hemos sido sepultados con El por medio del bautismo para muerte, a fin de que como Cristo resucitó de entre los muertos por la gloria del Padre, así también nosotros andemos en novedad de vida.* (Romanos 6:2–4)

En ese pasaje encontramos la frase "*bautizados en*" usada con relación a ser bautizados *dentro de* la muerte de Cristo Jesús. En ese sentido, Pablo también habló del bautismo como un entierro cuando el dijo, "*Hemos sido sepultados con El por medio del bautismo para muerte*".

Debería estar perfectamente claro que no enterramos a una persona a fin de convertirla en un muerto. ¡Esto sería un pensamiento horroroso! De hecho, cuando enterramos a una persona, esto constituye nuestro reconocimiento de que esa persona ya se encuentra muerta. Por lo tanto, el bautismo *dentro de* la muerte de Cristo no produce en sí mismo la condición de estar muerto al pecado en la persona bautizada; al contrario, es el reconocimiento abierto de que esa condición ya ha sido producida en esa persona a través de la fe en la muerte y resurrección de Cristo.

Por lo tanto, hemos visto la misma lección cuatro veces. En cada uno de los casos que hemos considerado, encontramos que bautizar a una persona *dentro de* cualquier condición, es el hecho de reconocer públicamente que esa persona ya se encontraba *en* esa condición. En todos los cuatro casos, el contexto comprueba esto en forma muy simple.

El bautismo reconoce la membresía, y promueve unidad en el cuerpo

Leyendo otra vez de la primera carta de Pablo a la iglesia en Corinto, encontramos lo siguiente,

> *Pues por un mismo Espíritu todos fuimos bautizados en un solo cuerpo, ya judíos o griegos, ya esclavos o libres, y a todos se nos dio a beber del mismo Espíritu.* (1 Corintios 12:13)

Ahora verdaderamente podemos ver el significado de este pasaje bajo su verdadera luz. Ya nos encontramos *en* el cuerpo. El bautismo en el Espíritu Santo reconoce y muestra públicamente nuestra membresía en el cuerpo. También hace más efectivo nuestro ministerio dentro del cuerpo. Con el bautismo en el Espíritu Santo, todos somos "bautizados dentro de" la unidad

Cristo mismo otorga el sello sobrenatural del bautismo en el Espíritu Santo.

del cuerpo. Este es el propósito del bautismo en el Espíritu Santo. Ya nos encontrábamos *en* el cuerpo, igual que la gente a quien Juan bautizó ya se encontraban en arrepentimiento, y de la misma manera, la gente bautizada en el día de Pentecostés ya se encontraban en remisión de sus pecados, y de igual manera, la gente a la que se refiere en el libro de Gálatas ya estaban en Cristo, e igualmente la gente a la que se refiere en el libro a los Romanos ya estaban muertos al pecado, antes de haber sido sepultados por el bautismo dentro de la muerte de Cristo.

Por lo tanto, ya estamos en el cuerpo de Cristo. Sin embargo, el bautismo en el Espíritu Santo es un sello sobrenatural que le es dado a cada miembro en lo individual, y por el cual Cristo Jesús reconoce a ese miembro como parte de Su cuerpo.

Cristo por Sí mismo otorga este sello sobrenatural. Hubo muchos hombres bautizados en agua, pero Juan dijo, "*Este es el que bautiza en el Espíritu Santo*" (Juan 1:33). No existe otra persona en todas las Escrituras a quien le haya sido dado ese privilegio, sino a Cristo Jesús, que por este medio, reconoce la membresía de Su cuerpo, y establece el sello apostólico sobre los creyentes que lo reciben.

Debes recordar siempre que el propósito final del bautismo en el Espíritu Santo es la unidad del cuerpo de Cristo. Dios realiza esto por medio de hacer miembros individuales del cuerpo, y transformarlos en agentes efectivos para traer la unidad—no la división—en el cuerpo.

Capítulo 2

La naturaleza de la experiencia

La naturaleza de la experiencia

Vamos a considerar ahora la naturaleza de la experiencia del bautismo en el Espíritu Santo, tal y como se describe en las Escrituras, y no como mucha gente algunas veces habla acerca de ello en sus testimonios.

Cuando yo me encontraba hablando en Copenhague, un hombre joven se me acercó y me dijo, "Yo he hablado en otras lenguas. Me sucedió cuando yo me encontraba a solas. ¿Acaso tú crees que yo he sido bautizado en el Espíritu Santo?"

Yo dije, "Sí, lo creo. Yo no creo que se requiere de ningún otro tipo de evidencia si tú has hablado en otras lenguas, tal y como el Espíritu Santo te dio que hablaras".

"Bueno", el dijo, "cada vez que escucho a otras gentes hablando acerca de esta experiencia, ellos siempre hablan acerca de las emociones tan maravillosas que tuvieron, el gran gozo y paz que sintieron. Pero yo no sentí ninguna emoción en especial".

Yo le contesté, "Tú no puedes permitir ser desviado a través del testimonio de las gentes. Cuando la Biblia habla acerca del bautismo en el Espíritu Santo, en ningún caso existe una referencia directa a algún tipo de emoción".

Por supuesto, es el instinto natural en los seres humanos el poder articular la forma en que una experiencia los afectó. Si nuestras emociones fueron tocadas en gran manera, eso es lo que vamos a remarcar. Sin embargo, esto *no es* lo que la Biblia enfatiza. Tú puedes revisar por ti mismo que no existe ninguna referencia específica a la emoción en los diferentes lugares donde se escribe y describe acerca del bautismo en el Espíritu Santo.

No brinques a conclusiones equivocadas. Yo no estoy diciendo nada en contra de las emociones, porque las emociones son parte de de la formación total del ser humano. Si las emociones de una persona no son convertidas, esa persona no va a estar completamente convertida. Ciertamente creo que nuestras emociones deben ser convertidas. Ellas forman parte de del total de nuestra experiencia cristiana. Pero las emociones no son algo absoluto con referencia al bautismo en el Espíritu Santo.

¿Qué es lo que la Biblia dice acerca de recibir el Espíritu Santo? Yo creo que la Biblia usa dos tipificaciones o dos palabras para figurar esto. En primer lugar, leemos acerca del *bautismo*. En el Nuevo Testamento, esta palabra es usada en conexión con el Espíritu Santo siete veces, lo cual es un número bastante grande. La otra palabra que es usada es *bebiendo*. Si ponemos estas dos palabras juntas vamos a formar una imagen bastante comprensible de las Escrituras con relación a la experiencia del bautismo en el Espíritu Santo.

Un bautismo

El bautismo es una inmersión, y esta inmersión viene de arriba.

El bautismo en el Espíritu Santo es una inmersión que viene de arriba.

Yo no quiero causar una controversia, pero me pasé un día completó en varias bibliotecas en la Universidad de Cambridge, buscando la historia de la palabra *bautizar*. Comencé el seguimiento desde el exilio quinto A. C. y hasta el segundo siglo de la era cristiana. Su definición nunca ha cambiado. Siempre ha significado "sumergir".

Estamos hablando acerca del bautismo que no consiste en agua, sino que es del Espíritu Santo, y consiste en un descenso del Espíritu de Dios, que viene desde arriba y se posa sobre el creyente, envolviéndolo completamente en la atmósfera celestial. Éste es un aspecto de la experiencia. Vamos a leer lo que dice en el libro de Hechos:

> *Cuando llegó el día de Pentecostés, estaban todos juntos en un mismo lugar. De repente vino del cielo un ruido como el de una ráfaga de viento impetuoso que llenó toda la casa donde estaban sentados.*
>
> (Hechos 2:1–2)

La atmósfera alrededor de estos creyentes se llenó por completo. Ellos fueron sumergidos desde arriba en el poder sobrenatural y en la presencia de Dios.

Vamos a movernos a una experiencia más reciente:

> *Cuando los apóstoles que estaban en Jerusalén oyeron que Samaria había recibido la Palabra de Dios, les enviaron a Pedro y a Juan, quienes descendieron y oraron por ellos, para que recibieran el Espíritu Santo, pues todavía no había descendido sobre ninguno de ellos; sólo habían sido bautizados en el nombre del Señor Jesús. Entonces les imponían las manos, y recibían el Espíritu Santo.*
>
> (Hechos 8:14–17)

Debes notar la frase, "*Pues todavía no había descendido sobre ninguno de ellos*". La experiencia de recibir el Espíritu Santo de los samaritanos coincidió con el descenso del Espíritu Santo desde arriba y sobre ellos.

Entonces, en el capítulo diez del libro de los Hechos, Pedro estaba predicando el evangelio a Cornelio, que era un centurión romano muy temeroso de Dios, así como a un número de sus parientes y amigos cercanos. Podemos leer,

> *Mientras Pedro aún hablaba estas palabras, el Espíritu Santo cayó sobre todos los que escuchaban el mensaje. Y todos los creyentes que eran de la circuncisión, que habían venido con Pedro, se quedaron asombrados, porque el don del Espíritu Santo había sido derramado también sobre los gentiles, pues les oían hablar en lenguas y exaltar a Dios.*
> (Hechos 10:44–46)

Debes notar que el Espíritu Santo "*cayó sobre todos*" y que también había "*sido derramado*" en ellos. Estas frases describen una inmersión que viene de arriba hacia abajo. La Escritura es muy consistente en los términos descriptivos que usa.

El Espíritu Santo desciende desde arriba sobre el creyente, envolviéndolo en la atmósfera celestial.

Pedro habló acerca de esta inmersión a sus colegas en Jerusalén, que lo habían llamado para que reportara su comportamiento nada ortodoxo, con relación a ir y predicarle a los gentiles. Él les dijo, básicamente, "Bueno, ¿qué podría yo haber hecho? Mientras que yo estaba hablando, el Espíritu Santo cayó en ellos, de la misma manera como lo hizo en nosotros al principio. ¿Acaso yo tenía que resistir a Dios? El les dio el mismo don que al principio derramó sobre nosotros".

Por lo tanto, todos estos términos son atados conjuntamente: el bautismo, el derramamiento desde arriba, el recibimiento, y el don. Ellos son simplemente diferentes maneras de escribir la misma experiencia.

Podemos encontrar un hecho similar en el libro de Hechos capítulo 19, cuando Pablo explica el evangelio a los discípulos en la ciudad de Efeso:

> *Y cuando Pablo les impuso las manos, vino sobre ellos el Espíritu Santo, y hablaban en lenguas y profetizaban.* (Hechos 19:5–6)

Debes notar la frase "*vino sobre ellos*". Tú puedes encontrar la misma figura descrita en todas partes, porque aquí, yo no he acabado con todas las referencias que existen sobre este asunto. Sin embargo, yo buscaba justificar esto cómo el primer aspecto de la experiencia. El bautismo es un descenso sobrenatural del Espíritu Santo sobre el creyente, sumergiéndolo no en agua, sino en el *shekina* glorioso de la presencia de Dios.

En este punto, yo imagino que alguna gente estará diciendo, "El libro de los Hechos es meramente histórico, y por lo tanto no podemos derivar doctrinas acerca del bautismo en el Espíritu Santo de él". El apóstol Pablo enseñó lo siguiente:

> *Toda Escritura es inspirada por Dios y útil para enseñar, para reprender, para corregir, para instruir en justicia.* (2 Timoteo 3:16)

"Toda Escritura es...útil para enseñar". Debido a que el libro de los Hechos es parte de las Escrituras, es útil para enseñar doctrina. La Biblia presenta la doctrina en dos maneras: como órdenes o declaraciones, y como descripciones de experiencias o eventos. Cuando combinamos los dos, el evento y la declaración coinciden. Entonces tomamos una imagen clara de lo que la Biblia está hablando, debido a que tenemos toda la información completa.

Este concepto es análogo a un rompecabezas que tienes que armar, con la excepción de una pieza que está perdida. Cuando encuentras esa pieza, encaja perfectamente y la puedes colocar en su lugar. De la misma forma funciona con el bautismo en el Espíritu Santo: la doctrina, la experiencia, y todos los eventos descritos en el libro de los Hechos, poniendo todo junto, y encontrando unanimidad desde todos los ángulos, te puedes dar cuenta que ya está completo.

Bebiendo

Recibiéndolo

El bautismo no es sólo algo que desciende sobre nosotros, pero también es algo que recibimos dentro de nosotros. Pablo dijo en 1 Corintios 12:13 que *"a todos se nos dio a beber del mismo Espíritu"*. Esto concuerda exactamente con las palabras de Jesús que se encuentran en el evangelio de Juan:

> *Y en el último día, el gran día de la fiesta, Jesús puesto en pie, exclamó en alta voz, diciendo: Si alguno tiene sed, que venga a mí y beba. El que cree en mí, como ha dicho la Escritura: "De lo más profundo de su ser brotarán ríos de agua viva". Pero El decía esto del Espíritu, que los que habían creído en El habían de recibir; porque el Espíritu no había sido dado todavía, pues Jesús aún no había sido glorificado.*
>
> (Juan 7:37–39)

Jesús se estaba refiriendo al don del Espíritu Santo para todo aquel que cree, y Él comparó el hecho de recibirlo al hecho de beber. Jesús dijo, *"si alguno tiene sed..."*, lo que quiere decir, "si alguien tiene el deseo en su corazón". Entonces, Él dijo, *"...que venga a mí y beba"*, que quiere decir, "que lo reciba dentro de él".

Fluyendo hacia afuera

En este punto, un milagro maravilloso sucede, a medida que la persona sedienta se convierte en un instrumento para los ríos de agua viva. En lugar de no tener suficiente para sí mismo, se convierte en un canal de provisión para muchos. El hecho de relacionarse con los demás, son parte de los propósitos del bautismo en el Espíritu Santo. Tal vez tú tienes lo suficiente para poder llegar al cielo, pero no tienes lo suficiente para un mundo que se encuentra en tremenda necesidad. Tu necesitas los ríos que van a fluir de tu vida.

Cuando yo servía como misionero en África Oriental, pude conocer muchos tipos diferentes de gente: africanos que no tenían educación, ni un estado social, africanos muy bien educados, asiáticos hindúes, asiáticos que eran musulmanes, y la gente blanca, que en muchos casos, se sentían superiores a los demás. Cuando pude interactuar con todas estas gentes, yo dije, tal y como Pablo lo dice en 2 Corintios 2:16, *"Y para estas cosas, ¿quién está capacitado?"* ¿Quién puede tratar con los miembros semidesnudos de una tribu, o con los europeos en sus hogares que parecen palacios? ¿Cómo es que verdaderamente podemos tocar a toda esta gente? Dios me recordó acerca de Juan 7:38 que dice, *"De lo más profundo de su ser brotarán* [no *un solo* río de agua viva, sino] ***ríos** de agua viva"* (se añadió énfasis). Estos ríos son suficientes para cualquier persona.

Los creyentes bautizados con el Espíritu Santo se convierten en canales para los ríos de agua viva.

El flujo del bautismo hace perfecto sentido lógico. Yo escribí mi disertación acerca de la lógica, y desde que yo me convertí, siempre me he regocijado en la Biblia, porque encuentro que es el libro más lógico del mundo. Su lógica es perfecta. En cuanto a mí concierne, yo nunca he encontrado un error o una falla en ella. Mateo 12:34 dice, "*Porque de la abundancia del corazón habla la boca*". Cuando el corazón está tan lleno, que ya no puede contener lo que posee, ¿hacia dónde lo hace fluir? A través de la boca.

El bautismo en el Espíritu Santo es una llenura sobrenatural, y es un flujo sobrenatural también. ¿Cómo puedes conocer cuando el vaso se encuentra completamente lleno? Cuando comienza a derramarse. Yo no puedo ver dentro de tu corazón o dentro de tu espíritu, y tampoco puedo ver dentro del mío. Pero cuando vemos y escuchamos el derramamiento, sabemos que se ha efectuado una llenura total.

El bautismo en el Espíritu Santo es una llenura sobrenatural y un flujo sobrenatural.

Hoy en día, literalmente, miles de gentes están siendo bautizadas en el Espíritu Santo, de la misma forma como lo he descrito, partiendo de las Escrituras. La experiencia del bautismo es clara, lógica, escritural, y práctica. ¡Si no es práctica, no es escritural! De nuevo, donde la doctrina, los eventos bíblicos, y la experiencia personal coinciden, descubrimos la verdadera naturaleza del bautismo.

Capítulo 3

Advertencias con relación al bautismo

Advertencias con relación al bautismo

En vista de todo lo que hemos discutido hasta ahora, quiero arrojar que un poco de agua fría en este momento. Yo recomiendo que tú busques el bautismo en el Espíritu Santo o cualquier otra experiencia espiritual, solamente cuando tú seas absolutamente honesto y estés deseando a Dios con todas tus fuerzas. De otra manera, tú vas a estar fuera de esto debido a que tu condenación va a ser más grande, y tus problemas también van a ser mayores. El bautismo en el Espíritu Santo no es un picnic emocionante, organizado por el departamento de la Escuela Dominical. Nos colocamos en peligro extremo si no nos acercamos a Él de la manera correcta, y si no lo relacionamos correctamente con los otros aspectos de nuestra experiencia espiritual.

Con mucha humildad, yo quiero que tú sepas que yo he experimentado el bautismo, y que he vivido en él por más de cuarenta años. Durante todo este tiempo, he visto el desastre que viene como consecuencia de fallar en relacionar al bautismo en el Espíritu Santo correctamente con el resto de la vida cristiana, así como con la experiencia y el testimonio cristiano. Permíteme darte algunas breves palabras de advertencia.

El bautismo no debe ser algo forzado

En primer lugar, el Espíritu Santo no es un dictador. El es nuestro Consolador y nuestro Maestro. Él no te obliga a hacer las cosas. La persona que interrumpe una reunión y entonces dice, "No pude evitarlo; el Espíritu Santo me hizo hacerlo", tiene una falsa imagen del Espíritu Santo, debido a que Él *no es* un dictador. Si un espíritu entra en tu vida y te hace hacer cosas, tú tienes el espíritu equivocado.

El bautismo demanda una vida de sumisión continua y de esperar en Dios.

Tu no vas a obtener nada más del Espíritu Santo de lo que tú estés dispuesto a rendirle a Él. Cuando algunas gentes reciben el bautismo en el Espíritu Santo, ellos obtienen muy poco beneficio de ello, porque no están dispuestos a ser guiados, aconsejados, dirigidos, y controlados por el Espíritu Santo. Él no obliga a nadie en contra de su voluntad. El bautismo demanda una vida de sumisión continua y de esperar en Dios. Alguien ha dicho, "Es mucho más fácil ser lleno con el Espíritu Santo, de lo que es mantenerse lleno con el Espíritu Santo". Hay una verdad en este dicho.

El bautismo no es un sustituto

En segundo lugar, el bautismo en el Espíritu Santo no es un sustituto para cualquier otra provisión de Dios. Dios no nos ha dado una sola experiencia que puede hacer todas las cosas.

El bautismo no reemplaza cualquier otra provisión de Dios.

Por ejemplo, leemos acerca de la armadura cristiana en el capítulo seis del libro de Efesios. Si tú te pones todas las seis piezas de la armadura, tú te vas encontrar cubierto desde el tope de tu cabeza hasta las plantas de tus pies. Sin embargo, si tú omites uno de ellos, tú ya no estás protegido completamente. Vamos a suponer que olvidaste ponerte el casco, pero tienes el escudo, las botas, la espada, el cinto, y la cubierta para el torso. La mayoría de tu cuerpo se encuentra cubierto, pero tu cabeza está abierta ante el ataque del enemigo. La vida pensante de muchos cristianos no se encuentra cubierta por esta razón. Ellos sufren heridas en la cabeza, y pierden el poder para poder manipular la espada y el escudo. Ellos tienen sólo cinco piezas, siendo que deberían tener seis.

He aquí otro ejemplo. Algunas gentes dicen, "Bueno, hermano, yo tengo amor. Yo no necesito los dones". La experiencia me ha enseñado a cuestionar qué tanto amor tiene la gente que habla de esta manera. Yo podía decir que el amor se manifiesta principalmente en la acción y no sólo en la declaración. Aún así, este razonamiento no es escritural, debido a que la Biblia dice que tenemos que tener ambos. El amor no es un sustituto para los dones del Espíritu Santo, y los dones del Espíritu Santo no son un sustituto para el amor.

El amor se muestra principalmente a través de nuestras acciones, y no solamente por nuestras declaraciones.

En 1 Corintios 12:31, Pablo dice lo siguiente: "*Mas desead ardientemente los mejores dones. Y aún yo os muestro un camino más excelente*", que es el camino del amor. En un sentido, el desear los mejores dones es una condición para que nos sea mostrado el mejor camino, y para una traducción más acertada del versículo podríamos decir, "Desead profundamente los mejores dones, y yo les voy a mostrar a ustedes un camino mucho más excelente". Primera Corintios 14:1 dice, "*Procurad alcanzar el amor; pero también desead* [debes desear] *ardientemente los dones espirituales*". Esto no dice "o pueden desear los dones espirituales". No te está invitando a realizar tu propia selección. Esta ordenando que busques ambos, y si no lo haces, tu estás desobedeciendo la Palabra de Dios.

El bautismo nos introduce a un medio ambiente no familiar

En tercer lugar, el bautismo en el Espíritu Santo es una experiencia espiritual, y es una experiencia sobrenatural. En muchos casos, es la primera experiencia sobrenatural que muchos cristianos jamás han tenido. Y como tal, nos introduce a un nuevo ambiente, y frecuentemente, no se sienten cómodos en ese ambiente.

Entre otras cosas, es un medio ambiente de conflicto espiritual, que la mayoría de ellos nunca han conocido antes de haber sido bautizados en el Espíritu Santo. Déjame darte un pequeño ejemplo basado en el ministerio de Jesús. Vamos a ver lo siguiente:

> *Y sucedió en aquellos días que Jesús vino de Nazaret de Galilea, y fue bautizado por Juan en el Jordán. E inmediatamente, al salir del agua, vio que los cielos se abrían, y que el Espíritu como paloma descendía sobre El; y vino una voz de los cielos, que decía: Tú eres mi Hijo amado, en ti me he complacido. Enseguida el Espíritu le impulsó a ir al desierto. Y estuvo en el desierto cuarenta días, siendo tentado*

por satanás; y estaba entre las fieras, y los ángeles le servían. (Marcos 1:9–13)

Este es el incidente en donde Jesús fue ungido para Su ministerio. El Espíritu Santo había descendido sobre Él y después habitó en Él.

El bautismo en el Espíritu Santo muy frecuentemente nos introduce al medio ambiente de la guerra espiritual.

Debes notar que la siguiente cosa que sucedió como una consecuencia directa de esta experiencia es: "*Enseguida el Espíritu le impulsó a ir al desierto. Y estuvo en el desierto cuarenta días, siendo tentado por satanás*". Esto no es lo que los humanos esperarían, pero esto es la realidad espiritual. El mismo tipo de cosas pueden suceder en tu vida, cuando tú eres bautizado en el Espíritu Santo. Tú entras en un nuevo ambiente espiritual, donde el diablo y todo lo demoníaco se convierte en algo mucho más real. Se abren muchas nuevas avenidas hacia tu mente y hacia tu espíritu que no estaban abiertas antes. Esto no es un picnic; es una realidad.

El bautismo sin la Palabra es muy peligroso

En cuarto lugar, el bautismo en el Espíritu Santo debe estar unido con la Palabra de Dios. De otra manera, esto es algo muy peligroso. Yo quiero que tú observes este hecho: Jesús venció al diablo, y lo hizo usando una sola arma, que es la Palabra escrita de Dios.

> *Y acercándose el tentador, le dijo: Si eres Hijo de Dios, di que estas piedras se conviertan en pan. Pero El respondiendo, dijo: Escrito está: "No sólo de pan vivirá el hombre, sino de toda palabra que sale de la boca de Dios." Entonces el diablo le llevó a la ciudad santa, y le puso sobre el pináculo del templo, y le dijo: Si eres Hijo de Dios, lánzate abajo, pues escrito está: "A sus ángeles te encomendará", y: "En las manos te sostendrán, no sea que tu pie tropiece en piedra." Jesús le dijo: También está escrito: "No tentarás al Señor tu Dios." Otra vez el diablo le llevó a un monte muy alto, y le mostró todos los reinos del mundo y la gloria de ellos, y le dijo: Todo esto te daré, si postrándote me adoras. Entonces Jesús le dijo: ¡Vete, Satanás! Porque escrito está: "Al Señor tu Dios adorarás, y sólo a El servirás".*
>
> (Mateo 4:3–10)

Tres veces Jesús dijo, *"Está escrito"*. Nadie necesita conocer más la Palabra escrita de Dios que una persona que acaba de ser bautizado en el Espíritu Santo. Te encuentras en una necesidad desesperada de estudiar tu Biblia y de conocerla realmente. Debes recordar que incluso el diablo puede referir las Escrituras, y tú tienes que ser capaz de vencerlo, no sólo por medio de ser capaz de referirlas mejor que él, sino mucho más importante, siendo capaz de escoger y usar la Escritura correcta, debido a que tú conoces y entiendes la Palabra de Dios.

Efesios 6:17 dice lo siguiente: *"Tomad la espada del Espíritu, que es la Palabra de Dios"*. Debes notar que la espada del Espíritu Santo es la Palabra de Dios, y es tu responsabilidad tomarla. Si tú la tomas, el Espíritu Santo la va a usar a través de ti; pero si tú no la tomas, el Espíritu Santo no tiene nada que pueda usar. ¡Oh, cuántos problemas pueden levantarse cuando tú te encuentras en una situación tan indefensa como ésta!

Nuestras experiencias y nuestras acciones siempre necesitan estar alineadas con la Palabra de Dios.

Déjame ofrecerte esta advertencia final con relación a la Palabra de Dios: no sólo debemos *conocer* la Palabra de Dios, sino debemos también asegurarnos de *obedecerla* completamente. Ser bautizado en el Espíritu Santo no nos da licencia para actuar en cualquier forma que queramos. Tampoco es una excusa para desobedecer las instrucciones claras de las Escrituras. Nuestras experiencias y acciones siempre necesitan estar alineadas con la Palabra de Dios.

Capítulo 4

Los propósitos de esta experiencia

Los propósitos de esta experiencia

Yo he sido negativo con el propósito de poder ser positivo, si es que me permites ponerlo de ésta manera. Existe un número de propósitos muy importantes diseñados por Dios para que el Espíritu Santo los realice en la vida del creyente. Sin embargo, que tanto es lo que va a realizar el creyente, depende solamente de él.

El portal para lo sobrenatural

El siguiente pasaje contiene una gran promesa, si tú la lees con discernimiento:

> *Porque en el caso de los que fueron una vez iluminados, que probaron del don celestial y fueron hechos partícipes del Espíritu Santo, que gustaron la buena*

palabra de Dios y los poderes del siglo venidero.
(Hebreos 6:4–5)

Todos aquellos *"que fueron hechos partícipes del Espíritu Santo"* también *"gustaron"* los poderes del mundo venidero. Esta es una descripción maravillosa. Entraron en contacto con un poder que pertenece a la siguiente era, pero que se encuentra disponible en esta misma era actual. De esta manera, el bautismo en el Espíritu Santo tiene la intención de ser el portal hacia lo sobrenatural. No es un objetivo; es un portal. Es la intención de Dios de que cada creyente, después de haber sido bautizado con el Espíritu Santo, camine en el ámbito o medio ambiente sobrenatural. De hecho, si podemos ponerlo de esta manera, lo sobrenatural debería convertirse en lo natural.

Para el creyente que ha sido bautizado en el Espíritu Santo, lo sobrenatural debería convertirse en algo natural.

Vemos el libro de los Hechos como una tipificación de la iglesia cristiana. Con el fin de mantenernos en la honestidad intelectual, me permito ofrecer este reto: encuentra un capítulo de los veintiocho capítulos que existen en el libro de los Hechos, que podría mantenerse intacto, si todas las referencias a lo sobrenatural fueran removidas. Ni uno solo de ellos—ni siquiera uno—podría permanecer intacto. No podemos referirnos al cristianismo del Nuevo Testamento sin incluir lo sobrenatural.

Me encanta la referencia en el libro de los Hechos que dice, *"Y Dios hacía milagros extraordinarios por mano de Pablo"* (Hechos 19:11). En forma muy particular me gusta la palabra *"extraordinarios"*. En el idioma griego original, significa el tipo de milagros que no suceden todos los días. En otras palabras, los milagros sucedían todos los días en la iglesia primitiva, pero esto era algo extraordinario. Incluso la misma iglesia primitiva tuvo que voltear para poner especial atención en ellos.

De nuevo, permítanme decir que podemos generar toda la teoría que queramos acerca de la iglesia del Nuevo Testamento, pero nunca vamos a poder experimentarlo sin lo sobrenatural.

Para testificar

> *Pero recibiréis poder cuando el Espíritu Santo venga sobre vosotros; y me seréis testigos.* (Hechos 1:8)

El bautismo en el Espíritu Santo tiene la intención de investirnos con poder sobrenatural de lo alto, para que podamos convertirnos en testigos. Debes notar que los testigos son *"de"* Cristo Jesús. No son de una doctrina y tampoco pertenecen principalmente a una experiencia, sino son de Jesús mismo. Muchos de nosotros en el movimiento pentecostal nos hemos desviado por medio de convertirnos en testigos de una denominación, una iglesia, o una experiencia. Sin embargo, el verdadero propósito consiste en testificar de Cristo Jesús. Tú vas encontrar que las gentes que lo usan de esta manera son tremendamente exitosas.

Para oración

Esta experiencia también produce una revolución en la vida de oración del cristiano. Vamos a ver el libro de Romanos por un momento:

> *Y de la misma manera, también el Espíritu nos ayuda en nuestra debilidad; porque no sabemos orar como debiéramos, pero el Espíritu mismo intercede por nosotros con gemidos indecibles; y aquel que escudriña los corazones sabe cuál es el sentir del Espíritu, porque El intercede por los santos conforme a la voluntad de Dios.* (Romanos 8:26–27)

Debes notar que todos tenemos una enfermedad. No es una enfermedad física, sino se trata de la debilidad natural de la carne. No sabemos como orar como debiéramos. No existe persona alguna que sepa cómo hacerlo.

Puedo decir (y confío que no voy a ser malentendido) que muy frecuentemente he escuchado a muchos amados hermanos en reuniones de oración de estudiantes. He escuchado a todos esos hombres jóvenes bien educados, muy sinceros, que en forma muy estudiosa derraman sus palabras, a medida que le dicen al Dios Todopoderoso lo que Él debería estar haciendo.

Esto no es realmente la oración. Dios no necesita que nadie le diga lo que tiene que hacer. Estar jugando con el intelecto, a fin encontrar la frase exacta para decirle a Dios lo que tiene que hacer, no es el modelo de oración del Nuevo Testamento; al contrario, en la oración del Nuevo Testamento, el creyente se convierte en un templo, donde la Persona entra y conduce la reunión de oración. Esta Persona es el Espíritu Santo. Nosotros simplemente nos convertimos en el instrumento Suyo.

Una cierta dama que nació y fue criada en la religión católica romana en Irlanda vino a Londres, donde fue salva y bautizada en el Espíritu Santo. En ese tiempo, ella trabajaba como ama de llaves en un hotel en Londres, y compartía una habitación con otra mujer católica irlandesa.

El creyente se convierte en un templo donde el Espíritu Santo conduce un culto de oración.

Un día, la otra mujer le dijo, "Quiero preguntarte algo. Espero que no te importe, pero cada noche después de que tú has ido a dormir y pareces estar bien dormida, te escucho hablar algún tipo de lenguaje extranjero. ¿Cuál es ese lenguaje?" Esta mujer llegó a conocer por primera vez, que cada noche después de que su cuerpo se había dormido, el Espíritu Santo estaba orando a través de ella.

Vamos a leer lo que dicen las Escrituras acerca de la novia de Cristo Jesús: "*Yo dormía, pero mi corazón velaba*" (Cantares 5:2). Esta es una realidad espiritual. Con relación al fuego en el tabernáculo del Antiguo Testamento, también dice lo siguiente, "*El fuego se mantendrá encendido continuamente en el altar; no se apagará*" (Levítico 6:13). Este es un tipo del Espíritu Santo en el altar del corazón del creyente, el cual es un fuego que está ardiendo día y noche.

Déjame mostrarte otras dos Escrituras, comenzando con Efesios 6:18: "*Con toda oración y súplica orad en todo tiempo en el Espíritu, y así, velad con toda perseverancia y súplica por todos los santos*". Debes notar que dice orando *siempre* en el Espíritu Santo. Tú no siempre puedes orar con tu entendimiento. Tú no siempre puedes orar con tu cuerpo físico. Pero cuando el Espíritu Santo está ahí, Él no se detiene.

El bautismo en el Espíritu Santo enciende un fuego, y debemos tener mucho cuidado de no apagarlo.

Podemos encontrar el mismo pensamiento en 1 Tesalonicenses capítulo cinco, que dice lo siguiente, "*orad sin cesar*" (versículo 17), y "*no apaguéis el Espíritu*" (versículo 19). Estos versículos están relacionados. Tú puedes llegar a contristar al Espíritu Santo. Tú puedes llegar a apagar el fuego, pero esto no es la voluntad de Dios. El bautismo en el Espíritu Santo enciende un fuego. Debes recordar lo que Pablo le dijo a Timoteo, y que básicamente es lo siguiente: "Avívalo otra vez; hazlo que se encienda; no descuides el don que está dentro de ti". (Véase 1 Timoteo 4:14; 2 Timoteo 1:6).

Con esa misma palabra, yo quiero retar a cualquiera que no tiene esta experiencia sobrenatural, porque sin ella, es imposible que viva dentro de los estándares de oración del Nuevo Testamento. Esto es lo que yo quiero decir cuando menciono que el cristianismo del Nuevo Testamento es sobrenatural; no puede ser de otra manera.

Para enseñar

> *Pero cuando El, el Espíritu de verdad, venga, os guiará a toda la verdad, porque no hablará por su propia cuenta, sino que hablará todo lo que oiga; y os hará saber lo que habrá de venir.* (Juan 16:13)

> *Pero el Consolador, el Espíritu Santo, a quien el Padre enviará en mi nombre, El os enseñará todas las cosas, y os recordará todo lo que os he dicho.* (Juan 14:26)

El Espíritu Santo es el más grande Maestro de las Escrituras. Cristo Jesús prometió que cuando el Espíritu de verdad viniera, Él nos guiaría a toda verdad, enseñándonos, y recordándonos todas las cosas que Jesús ha dicho.

El Espíritu Santo también es el más grande Revelador de Cristo Jesús. Jesús dijo, *"El me glorificará"* (Juan 16:14). Estas dos funciones van juntas, debido a que Jesús es la Palabra viva y la Biblia es la Palabra escrita. El Espíritu Santo es el Autor de la Palabra escrita, y Él es quien viene para ser el Intérprete de la Palabra.

En 1941, mientras que estaba sirviendo como un soldado en el ejército británico, otro soldado me invitó a asistir a un servicio pentecostal. Yo no tenía idea alguna que se iba a tratar de un servicio pentecostal, y ni siquiera sabía en aquel entonces que la gente pentecostal existía. Nunca había escuchado de ellos. Si hubiera podido escuchar algo acerca de ellos, yo tal vez hubiera titubeado en ir a esa reunión.

El Espíritu Santo es el autor y el intérprete de la Palabra escrita de Dios.

En aquel entonces, yo acababa de terminar siete años en la Universidad de Cambridge estudiando filosofía, y yo dirigía un grupo de fraternidad en el colegio King en Cambridge. Si alguna persona asistía a un servicio religioso con una actitud criticona, yo era esa persona. Me dije a mí mismo, *Voy a ver si este predicador*

verdaderamente sabe de lo que está hablando. Después que lo había escuchado durante un buen rato, me formé dos conclusiones muy claras y muy definidas. La primera era que el predicador *si sabía* de lo que estaba hablando, y la segunda era que *yo no sabía nada* al respecto.

Hubo una cosa que me impresionó. Mientras él hablaba acerca de David, Saúl, Samuel, y toda una lista de personajes bíblicos, su relación hacia ellos era tal, que parecía como si él los había conocido en persona esa misma mañana. Yo pensé, *¿Dónde es que éste llegó a conocer a estas gentes de esta manera?*

Cuando yo era joven, la Biblia era algo obligatorio dentro de los cursos en la escuela donde yo asistía. Debido a que yo tenía una memoria bastante precisa, y era muy bueno en esta materia, y siempre tenía una calificación por encima del 90 por ciento en todas las pruebas y exámenes, aunque las clases eran bastante monótonas. Sin embargo, esto había sucedido catorce años antes de este incidente. Cuando yo fui bautizado en el Espíritu Santo (lo cual sucedido en las barracas del ejército, muy corto tiempo después de que yo escuché a este predicador pentecostal), cada una de esas historias de la Biblia que yo había estudiado cuando era niño, se convirtieron en algo tan claro y tan vivo para

El Espíritu Santo te puede enseñar a través de otro creyente.

mí, como si las hubiera leído el día anterior. ¿Quién hizo esto? El Espíritu Santo. Él es el Maestro.

También necesitamos maestros humanos, para que no nos convirtamos en fanáticos. El Espíritu Santo te puede enseñar a través de otro creyente. Yo estoy añadiendo esto porque he encontrado gente que piensa que no necesitan ser enseñadas, una vez que han recibido el Espíritu Santo. Sin embargo, Él es el Maestro, el Revelador de Cristo Jesús. Él siempre te muestra donde Jesús se encuentra más claramente que cualquier otra cosa.

¿Acaso tú sabes dónde se encuentra Cristo Jesús? Él está sentado a la diestra de Dios Todopoderoso, y *"toda potestad* [le] *es dada en el cielo y en la tierra"* (Mateo 28:18 RVR). Cuando el Espíritu Santo descendió en el día de Pentecostés, era como una carta personal del Señor Jesús para todos aquellos discípulos que se encontraban aguardando en ese aposento alto, donde Él les decía, "He llegado; estoy aquí. Ustedes me vieron ir; ahora ustedes saben dónde estoy".

Poco tiempo después de esto, Pedro se puso en pie y le dijo a todos aquellos que no creían, y que eran judíos que rechazaban a Cristo,

> *Así que, exaltado a la diestra de Dios, y habiendo recibido del Padre la promesa del Espíritu Santo, ha derramado esto que vosotros veis y oís.*
>
> (Hechos 2:33)

Pedro sabía dónde estaba Jesús en una forma completamente nueva. ¿Quien le mostró esto a él tan claramente? El Espíritu Santo lo hizo.

Para exaltar a Cristo Jesús

Mi primer esposa, Lydia, era una feligresa luterana en la iglesia estatal de Dinamarca. Cuando era joven, ella fue bautizada en el Espíritu Santo una noche mientras se encontraba en su recámara. Nadie la había presionado, ni influenciado, y nadie le había enseñado nada acerca de esto. Fue un regalo que vino directamente del cielo. El cambio en su vida fue tan dramático, que ya no sabía qué hacer, y por lo tanto, fue a preguntarle a uno de los ancianos de la iglesia, que era un pastor muy respetado dentro de la iglesia luterana en Copenhague. Ella había escuchado que este pastor era más espiritual que la mayoría de los otros pastores.

Lydia dijo, "Me estaba preguntando si usted puede ayudarme. Tengo un problema".

El pastor estaba preocupado acerca de esta mujer tan joven que había venido ante él con un problema. "¿De qué se trata?" el preguntó.

"Bueno", ella dijo, "algo me ha sucedido, pero no estoy segura de que se trata".

"¿Me lo puedes describir?" el preguntó.

"Ahora, cada vez que oro", ella contestó, "yo siento que estoy viendo a Jesús".

El pastor luterano que tenía más de treinta años de edad contestó, "Hermana, usted probablemente fue bautizada en el Espíritu Santo".

De esto es de lo que se trata el bautismo en el Espíritu Santo—para exaltar a Jesús.

Para obtener guía

Otro aspecto del ministerio del Espíritu Santo es que nos otorga guía y advertencias.

> *Pero cuando El, el Espíritu de verdad, venga, os guiará a toda la verdad, porque no hablará por su propia cuenta, sino que hablará todo lo que oiga; y os hará saber lo que habrá de venir.* (Juan 16:13)

Todos nosotros necesitamos esto. Necesitamos dirección y advertencia sobrenatural para poder sobrevivir en el mundo en que vivimos hoy en día. Si nos limitamos a vivir solamente en lo natural, vamos a equivocarnos muchas veces.

Déjame recordarte lo que Jesús dijo en Lucas 17:26: *"Tal como ocurrió en los días de Noé, así será también en los días del Hijo del Hombre".* Nos ponemos a pensar acerca del pecado y de la iniquidad que abundaron en los días de Noé, y decimos que lo que estamos viviendo actualmente se parece a todo eso. Pero debes recordar que había algo diferente en el día de Noé: *"Por la fe Noé, siendo advertido por Dios acerca de cosas que aún no se veían, con temor preparó un arca para la salvación de su casa"* (Hebreos 11:7). Noé tuvo una revelación sobrenatural de lo que iba a venir sobre la tierra. El sabía los pasos que tenía que tomar, y él conocía el camino que lo iba a llevar a la seguridad. De la misma forma, tú y yo que nos encontramos viviendo en la era nuclear, necesitamos tener contacto con el cielo de una manera muy personal y muy real.

Los creyentes bautizados en el Espíritu Santo son dirigidos hacia los consejos celestiales, donde ellos pueden escuchar la voz suave y calmada del Espíritu Santo.

Jesús dijo, *"Pero cuando El, el Espíritu de verdad, venga,...no hablará por su propia cuenta, sino que hablará todo lo que oiga; y os hará saber lo que habrá de venir"* (Juan 16:13). Cuando somos bautizados con el Espíritu Santo, somos dirigidos hacia los consejos celestiales, y podemos escuchar la voz suave y calmada del Espíritu Santo. Yo puedo testificar personalmente acerca de esto, habiendo viajado miles de millas, y habiendo estado en muchos lugares muy peligrosos y solitarios. Yo quiero reconocer que he contado con la dirección y revelación sobrenatural del Espíritu Santo, que me ha revelado en muchas ocasiones lo que iba a suceder a continuación. Su guía me ha permitido tomar la acción correcta. Definitivamente necesitamos esto actualmente.

Para salud

> *Llevando siempre en el cuerpo por todas partes la muerte de Jesús, para que también la vida de Jesús se manifieste en nuestro cuerpo. Porque nosotros que vivimos, constantemente estamos siendo entregados a muerte por causa de Jesús, para que también la vida de Jesús se manifieste en nuestro cuerpo mortal.* (2 Corintios 4:10–11)

Debes notar que la vida de Jesús "***se manifieste** en nuestro cuerpo mortal*". No solamente tenemos que poseer esta vida invisible, pero también tiene que ser manifestada *visiblemente* en nuestros cuerpos. ¿Qué es la vida de Jesús? Es la vida de resurrección, vida victoriosa, vida poderosa. Es la voluntad de Dios que se manifieste en nuestra carne mortal.

¿Cuánto lugar deja esto para las obras del diablo en nuestros cuerpos? Debes notar que la expresión "*se manifieste*" se usa dos veces en estos dos versículos. En verdad, esto es la sanidad divina, pero es mucho más que esto. Es la salud divina y la vida de resurrección eterna que ahora se encuentra penetrando, operando, y manifestándose en nuestros cuerpos mortales. ¿Quién es el Administrador de esta vida? La respuesta se encuentra en Romanos 8:10 que dice, "*Y si Cristo está en vosotros, aunque el cuerpo esté muerto a causa del pecado, sin embargo, el espíritu está vivo a causa de la justicia"*. ¿Acaso no es maravilloso?

La salud divina y la vida de resurrección eterna se encuentran ahora mismo penetrando, operando, y manifestándose en nuestros cuerpos mortales.

La noche que yo fui salvo, yo no sabía nada acerca de la doctrina de salvación. Después de todo, había sido educado en el Colegio Eton y en el Colegio King en Cambridge, así que, ¿qué podría haber sabido yo acerca de la salvación? Digo esto en forma de broma, pero es una triste realidad. Sin embargo, es un hecho que hasta que llegué a la edad de veinticinco años, yo nunca había escuchado la predicación del Evangelio. Nunca había conocido ninguna persona que pudiera testificar de la experiencia personal de haber nacido de nuevo.

La gente habla acerca de la parte obscura del África, pero yo nunca he encontrado ningún africano que estuviera en una oscuridad espiritual más densa de la que yo me encontraba después de haber estado siete años en Cambridge. En ese tiempo, era un hombre blasfemo habitualmente, y también era un bebedor empedernido. Yo no sabía lo que era la salvación, pero llegó un momento cuando yo sabía que tenía que encontrar a esas gentes que tenían algo que yo no tenía. Estuve razonando dentro de mí, que Dios no podría ser injusto, y que si Él se los dio a ellos, debería dármelo a mí también.

Yo me encontraba bajo un nuevo Dueño. ¡Yo ya no quería beber ni un solo trago!

Se lo estuve pidiendo, y lo llegué a obtener después de la medianoche, en un cuarto de las barracas del ejército. El día siguiente, ya no blasfemaba. También, cuando fui a la taberna a comprar un trago, era como si mis piernas no me obedecían para caminar hacia dentro de ese lugar. Yo me encontraba bajo un nuevo dueño. Yo ya no quería beber un solo trago, y había sido sólo el hábito y costumbre, lo que me llevó a ese lugar.

¿Qué es lo que rompió el poder de la blasfemia y de la bebida de esta manera? Cristo había entrado, y el viejo cuerpo mío había muerto. Un cuerpo muerto no tiene apetitos para la bebida. Un cuerpo muerto no blasfema. Había una nueva vida que había entrado en mí. ¿Qué tipo de vida? *"El espíritu de vida a causa de la justicia"* (Romanos 8:10). Habiendo sido justificados por la fe en Cristo Jesús, tenemos acceso a una nueva vida. El Espíritu Santo entra y nos da *"vida a causa de la justicia"*.

Si seguimos leyendo en Romanos, vamos a encontrar lo siguiente,

> *Pero si el Espíritu de aquel que resucitó a Jesús de entre los muertos habita en vosotros, el mismo que resucitó a Cristo Jesús de entre los muertos, también dará vida a vuestros cuerpos mortales por medio de su Espíritu que habita en vosotros.* (Romanos 8:11)

Éste es el Espíritu Santo, el Administrador de la vida de resurrección de Cristo Jesús, impartiéndola a nuestros cuerpos mortales.

No es una coincidencia que casi en todos los lugares donde las gentes son bautizadas con el Espíritu Santo, ellos comienzan a orar por los enfermos. Yo casi no puedo pensar de una excepción con relación a esto. Yo sé que existen algunos que no han sido bautizados en el Espíritu Santo, pero que han podido ver la oración por la sanidad en las Escrituras, y que la practican fielmente. Dios honra sus oraciones. Dios lo hizo por los discípulos también, incluso antes del día de Pentecostés. Podemos leer que los discípulos salieron durante el ministerio terrenal de Jesús, y ungieron a muchos enfermos con aceite. Ellos también echaron fuera demonios. Por lo tanto, Dios va a honrar a todos aquellos que oran por los enfermos, incluso si no han recibido el bautismo con el Espíritu Santo.

Sin embargo, es un hecho que dondequiera que el Espíritu Santo ha descendido como el Administrador de la vida divina de Cristo Jesús, casi en forma instantánea, ilumina los ojos del pueblo de Dios, para que puedan ver que esta vida, no tiene que ver solamente con el hombre interior, sino también se trata del hombre exterior. Casi inevitablemente, tú vas encontrar que esto sucede siempre.

Para la unidad

Finalmente, voy a regresar a mi texto inicial:

> *Pues por un mismo Espíritu todos fuimos bautizados en un solo cuerpo, ya judíos o griegos, ya esclavos o libres, y a todos se nos dio a beber del mismo Espíritu.* (1 Corintios 12:13)

Debes recordar esto: el propósito primordial de Dios al bautizar a los creyentes en el Espíritu Santo es unirlos y no separarlos.

Alguien se quejó de alguna iglesia en los Estados Unidos donde el ministro había sido bautizado en el Espíritu Santo. Parte de la congregación había ido con él mientras que otros no lo habían hecho. La persona dijo, "El problema con esta experiencia es que está dividiendo la iglesia". Ante esta declaración tan dudosa, otro ministro, que conozco personalmente, respondió con esta respuesta tan excelente: "Eso es asombroso, porque la iglesia primitiva tuvo exactamente el efecto opuesto. Cuando los judíos escucharon que los gentiles hablaban en otras lenguas, esto fue la única cosa que pudo unir a los judíos y a los gentiles en una sola iglesia, y en un solo cuerpo. Ninguna otra cosa pudiera haber hecho esto".

De la misma manera, la única cosa que trajo a los bautistas, a la hermandad de Plymouth, a los miembros de las asambleas de Dios, los anglicanos, luteranos, presbiterianos y muchas otras denominaciones a unirse en grandes cantidades—abrazándose unos a otros, levantando sus brazos en el aire, pasando el tiempo sin hacer otra cosa sino adorando a Dios—es el bautismo en el Espíritu Santo.

El bautismo en el Espíritu Santo trae a los diferentes cristianos hacia la unidad, la comunión, y la adoración.

Permítame contarle un incidente que me impresionó profundamente. Me encontraba compartiendo en una convención de la Comunidad de Hombres de Negocios del Evangelio Completo en la ciudad de Spokane, Washington. Esto se llevaba a cabo en un gran hotel donde se encontraban varios cientos de gentes presentes. Yo me encontraba compartiendo el estudio bíblico de la tarde, advirtiendo especialmente a los asistentes acerca de los peligros de jugar irresponsablemente con la experiencia del Pentecostés o del Espíritu Santo.

Cuando terminé el mensaje, yo no sabía qué hacer, porque ellos no tenían un programa específico, así que solamente me mantuve de pie y en silencio. Muy pronto una dama comenzó a cantar en una lengua desconocida. Yo podría describirlo como un tipo de canto gregoriano. Y sucedió que el hermano que estaba conmigo en la plataforma era un líder del coro, y un experto en música. Cuando ella terminó de cantar, él dijo, "Esa fue una melodía muy complicada". Esperamos unos momentos, y un joven comenzó a cantar en el idioma inglés. Él dio la interpretación de aquel canto, cantándolo exactamente en la misma melodía. Las palabras que él canto también encajaban con la misma melodía. El hombre que se encontraba a mi lado me dijo, "El mantuvo la misma melodía perfectamente". En el transcurso del día, esto sucedió dos veces.

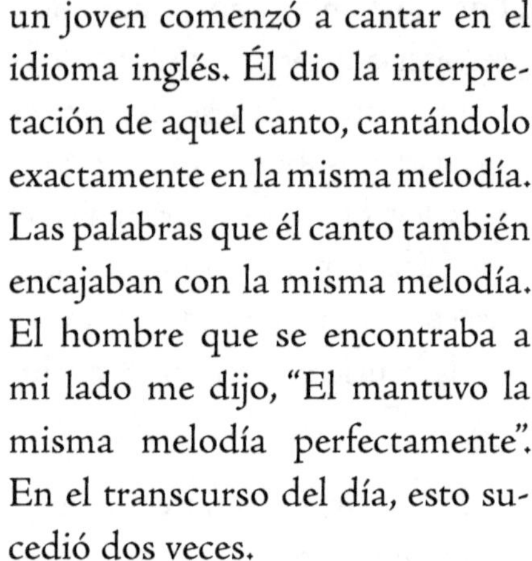

El hombre puede unir, pero sólo el Espíritu Santo puede efectuar la verdadera unidad.

La parte interesante de esta historia es que yo hice algo que no hacemos frecuentemente en estas convenciones. Muy raramente les preguntamos a otros cual es su denominación o su afiliación, porque no estamos preocupados en este tipo de etiquetas personales. Sin embargo, debido a que parecía encajar tan perfectamente con el tema, hice algunas preguntas acerca de las afiliaciones denominacionales de estas dos personas. Descubrí que la dama era luterana y que el joven pertenecía a la iglesia episcopal. Sin embargo, todos estábamos convertidos en uno solo en Cristo Jesús, dentro de la unidad del Espíritu Santo.

Hoy en día, la iglesia de Cristo Jesús encara dos alternativas. Por un lado, tenemos *unión*, y por el otro lado, tenemos *unidad*. Yo no creo exagerar si digo que estas dos son mutuamente exclusivas. Sin embargo, aunque el hombre puede crear unión, sólo el Espíritu Santo puede crear unidad.

Capítulo 5

El modelo escritural para recibir el Espíritu Santo

El modelo escritural para recibir el Espíritu Santo

Si vamos a vivir en la plenitud el bautismo del Espíritu Santo, necesitamos poder entender quién es el Espíritu Santo y como recibirlo.

A través de todas las Escrituras, se nos dan muchas ilustraciones y representaciones del Espíritu Santo, las cuales son sacadas de la vida diaria, y la mayoría de estas no son personales. El Espíritu Santo es tipificado por el viento, fuego, lluvia, rocío, y aceite, para nombrar sólo cinco cosas.

Especialmente en el Nuevo Testamento, encontramos un énfasis muy especial en la palabra *Él* con referencia al Espíritu Santo, poniendo atención en el hecho de que el Espíritu Santo es legítimamente una Persona. Por lo tanto, necesitamos el entendimiento que se encuentra en toda la Biblia para que nos ayude a aprender y a recibir la totalidad de la naturaleza y obra del Espíritu Santo.

El ministerio principal de Jesús fue bautizar en el Espíritu Santo

Vamos a leer las palabras con las cuales Juan el Bautista presenta al Mesías, al Cristo:

> *Y yo no le conocía, pero para que El fuera manifestado a Israel, por esto yo vine bautizando en agua. Juan dio también testimonio, diciendo: He visto al Espíritu que descendía del cielo como paloma, y se posó sobre El. Y yo no le conocía, pero el que me envió a bautizar en agua me dijo: "Aquel sobre quien veas al Espíritu descender y posarse sobre El, éste es el que bautiza en el Espíritu Santo". Y yo le he visto y he dado testimonio de que éste es el Hijo de Dios.*
> (Juan 1:31–34)

El propósito total del ministerio de Juan el Bautista era preparar el camino para Jesús, y él tenía que hacer una cosa específica: tenía que bautizar a la gente en agua. Yo pienso que no sólo sus palabras, sino todos sus hechos, eran proféticos. De hecho, Él estaba diciendo, "Lo que yo estoy haciendo con el agua, Aquel que viene después de mí, lo va a realizar con el Espíritu Santo".

Y por lo tanto, Jesús fue presentado como Aquel que bautiza con el Espíritu Santo. Podemos encontrar esta presentación en todos los cuatro Evangelios, Mateo,

Marcos, Lucas, y Juan. Dios tenía la intención de que Jesús fuera presentado a Israel no principalmente como el Salvador, no principalmente como el Cordero de Dios, sino como Aquel que bautiza con el Espíritu Santo.

Este fue el aspecto principal del ministerio de Jesús que Juan enfatizó, y aún así, es cosa muy extraña, que la mayoría de la iglesia durante muchos siglos casi no ha puesto atención en este punto.

Las enseñanzas de Jesús con relación al Espíritu Santo

Vamos a ver las enseñanzas de Jesús con relación al Espíritu Santo, comenzando con un pasaje que vimos anteriormente en este libro:

> *Y en el último día, el gran día de la fiesta, Jesús puesto en pie, exclamó en alta voz, diciendo: Si alguno tiene sed, que venga a mí y beba. El que cree en mí, como ha dicho la Escritura: "De lo más profundo de su ser brotarán ríos de agua viva." Pero El decía esto del Espíritu, que* ***los que habían creído en El*** *habían de recibir; porque el Espíritu no había sido dado todavía, pues Jesús aún no había sido glorificado.* (Juan 7:37–39, se añadió énfasis)

Jesús estaba hablando de algo más que se encontraba en el futuro. No es correcto aplicar este pasaje a la conversión de los pecadores, sino a los creyentes que reciben el Espíritu Santo. Juan 7:39 dice, "*Porque el Espíritu no había sido dado todavía*". La palabra "*dado*" se encuentra en itálicas en varias traducciones de la Biblia, porque fue agregada por los traductores. El original en el idioma griego dice, "El Espíritu Santo todavía no estaba". Obviamente, esto no significa que el Espíritu Santo todavía no existía, y por lo tanto, los traductores tenían que decidir cómo iban a poner esta frase. Yo pienso que una palabra que podían haber usado era la palabra *disponible*. El Espíritu Santo no siempre estaba disponible. De lo que Jesús estaba hablando, no podía suceder hasta que Él regresara al cielo y hubiera sido glorificado una vez más a la diestra del Padre celestial. Por lo tanto, aunque la promesa fue dada en Juan 7, su cumplimiento no llegó sino hasta Hechos 2, después de que Jesús había sido glorificado.

La promesa del Espíritu Santo se cumplió después de que Jesús había sido glorificado por el Padre.

Un intercambio de Personas

A medida que Jesús se acercó al final de Su ministerio terrenal, sistemáticamente, Él comenzó a preparar a Sus discípulos para el hecho de que Él iba a tener que dejarlos, pero otra Persona iba a tomar Su lugar. Es en este punto de las enseñanzas de Jesús que el Espíritu Santo es enfatizado muy fuertemente como una Persona. La esencia de lo que Jesús estaba diciendo es que iba a existir un intercambio de Personas. "Yo, el Hijo de Dios, como una Persona me voy a ir. En Mi lugar, otra Persona, que es el Espíritu Santo, va a venir".

El Consolador

> *Si me amáis, guardaréis mis mandamientos. Y yo rogaré al Padre, y El os dará otro Consolador para que esté con vosotros para siempre.*
>
> (Juan 14:15–16)

Jesús estaba diciendo, "Voy a ir a pedirle al Padre que supla la necesidad de ustedes. Cuando me vaya, Él les dará otro Consolador". ¿Qué es lo que significa la palabra "*otro*"? Existen dos palabras griegas para denominar la palabra otro. Una significa diferente en número, y la otra significa diferente en tipo. La palabra usada aquí es diferente en número. La Persona divina de Jesús se iba, pero Él iba a pedirle al Padre que enviará otra Persona divina en Su lugar, y esa Persona era el Consolador.

Como el Consolador, el Espíritu Santo es el Motivador; Él nunca desanima a los hijos de Dios. Necesitas recordar que cualquier tipo de influencia que te desanime no proviene del Espíritu Santo. Si tú pecas, Él te va a reprobar específicamente, diciéndote lo que debes hacer, pero nunca va a desanimarte. Muchas gentes tienen influencias desalentadoras en su vida, y piensan que es el Espíritu Santo, pero no es así. Él es el Motivador, y no el desalentador.

El Espíritu de verdad

En el siguiente versículo, Jesús llamó al Espíritu Santo el Espíritu de verdad:

> *El Espíritu de verdad, a quien el mundo no puede recibir, porque ni le ve ni le conoce, pero vosotros sí le conocéis porque mora con vosotros y estará en vosotros.* (Juan 14:17)

Debes notar nuevamente que no estamos hablando acerca de algo que reciben los pecadores. Tal y como Jesús dijo, "El mundo no puede recibirlo". Esto es algo que sólo los hijos de Dios que han nacido de nuevo pueden recibir, pero los pecadores no pueden porque no están en contacto con Dios. Ellos no Lo pueden ver, ellos no Le conocen, no Le entienden, y Dios no es algo real para ellos.

El Proveedor siempre confiable

> *Es decir, el Espíritu de verdad, a quien el mundo no puede recibir, porque ni le ve ni le conoce, pero vosotros sí le conocéis porque mora con vosotros y estará en vosotros. No os dejaré huérfanos; vendré a vosotros.* (Juan 14:17–18)

Sin el Espíritu Santo, nosotros los cristianos seríamos como huérfanos. De hecho, Jesús estaba diciendo, "No los abandonaré como si fueran huérfanos sin tener a nadie que cuide de ustedes, que los enseñe, que los consuele o que pueda proveer para ustedes. Cuando yo me vaya, otra Persona va a venir". A través del Espíritu Santo, no tenemos que ser huérfanos, si es que acaso aceptamos la provisión que Jesús tiene para nosotros.

Jesús dijo, *"Y yo rogaré al Padre, y El os dará otro Consolador para que esté con vosotros para siempre"* (Juan 14:16). La expresión *para siempre* es muy importante. Jesús como una Persona tenía que estar con Sus discípulos solamente por tres años y medio. Ahora que ellos estaban comenzando a conocerle verdaderamente, Él tenía que dejarlos. Pero Jesús dijo que la siguiente Persona que iba a venir nunca los dejaría jamás. Él vendría a quedarse para siempre. Esta persona es el Espíritu Santo.

El Maestro

Entonces, en Juan 14, Jesús dijo,

> *Estas cosas os he dicho estando con vosotros. Pero el Consolador, el Espíritu Santo, a quien el Padre enviará en mi nombre, El os enseñará todas las cosas, y os recordará todo lo que os he dicho.*
>
> (Juan 14:25–26)

En el capítulo anterior pudimos hablar acerca de la función del Espíritu Santo como Maestro. Estoy muy impresionado de la confianza que Jesús tenía en el Espíritu Santo. Pienso que todos nosotros necesitamos tener este mismo tipo de confianza. Algunas veces pienso que tenemos que hacer mucho trabajo, y si no lo hacemos, nadie lo hace. Pero Jesús dijo, "He hecho lo que He podido hacer. Cuando el Espíritu Santo venga, Él terminará el trabajo". Yo pienso realmente que esto fue una señal de humildad de parte de Jesús.

Tú sólo puedes hacer hasta cierto límite. La gente que trata de hacerlo todo por ellos mismos obstaculizan el camino de Dios.

Estoy aprendiendo lo que Dios espera que yo haga, y lo que yo tengo que dejar que el Espíritu Santo haga. Si yo pienso que tengo que hacerlo todo, normalmente esto termina en un fracaso. Pero Jesús dijo, "Los he llevado tan lejos como son capaces de llegar en este momento. No puedo darles más, porque ustedes no son capaces de recibirlo. Esto sería desperdiciar Mis palabras en ustedes". Tratar de verter agua en una botella que tiene la tapa puesta es un desperdicio. Por lo tanto, Jesús dijo, "Yo los estoy dejando, pero todo va a estar bien porque cuando descienda el Espíritu Santo, Yo tengo absoluta confianza en Él. Él terminará el trabajo".

Yo pienso en realidad que si tú eres el líder de cualquier tipo de programa de discipulado, tú necesitas mantener esto en tu mente. Tú sólo puedes hacer hasta cierto límite; el Espíritu Santo va a tener que hacer el resto. La gente que trata de hacerlo todo, obstaculiza el camino de Dios. Jesús nunca se interpuso en el camino del Padre celestial. Él sabía cuando apartarse de una situación. Mi esposa, Lydia, solía decir, "Siempre debes retirarte cuando te encuentres en la cima. Nunca te esperes hasta que la cosa se desvanezca". Este es un muy buen consejo. Algunas gentes sólo se apartan cuando todas las cosas se han desbaratado por completo, y no existe otra alternativa, y por lo tanto, ellos dicen, "Bueno, Dios me está llamando para que vaya a otro lado". Es un arte el poder conocer cuando apartarse a tiempo. Implica ser sensible al Espíritu Santo. Por lo tanto, Jesús dijo, "He hecho todo lo que puedo, pero otro Maestro está en camino. Él va a realizar dos cosas. Él les va a enseñar a ustedes lo que Yo todavía no les he enseñado, y Él les va a recordar todas las cosas que Yo ya les enseñe".

Una razón de que el Espíritu Santo vino, fue para asegurarse que los autores bíblicos registraran todo absolutamente correcto.

Ser Maestro y Recordador son dos de los más grandes ministerios del Espíritu Santo. El registro de las Santas Escrituras no depende meramente en la capacidad de la memoria humana. El Espíritu Santo vino para asegurarse que los autores bíblicos hicieran un registro absolutamente correcto. Él trajo todas las cosas a su memoria. Podemos depender en ello, debido a que es un registro inspirado por el Espíritu Santo.

El Espíritu Santo también les dio a los autores del Nuevo Testamento el entendimiento de muchos sucesos, que de otra manera ellos no hubieran grabado o registrado, debido a que ellos no hubieran visto la importancia de los mismos. Por ejemplo, vamos a suponer que tú vas a tratar de describir cualquier evento que sucedió en tu vida hace un año. Vamos a suponer que tú tienes que entrevistar a seis gentes que estuvieron presentes en el mismo evento, sentarte con ellos, y en forma individual, escribir los relatos de todo lo que sucedió. Muy difícilmente vas a poder saber si algunos de ellos están describiendo el mismo suceso. No es fácil, pero los discípulos no tuvieron que depender meramente en la habilidad humana. Ellos tuvieron la promesa de que el Espíritu Santo iba a traer todas las cosas a su memoria.

Un intercambio oportuno

A medida que Jesús continuó el proceso de instrucción y preparación de Sus discípulos, antes de dejarlos, Él dijo,

> *Pero ahora voy al que me envió, y ninguno de vosotros me pregunta: "¿Adónde vas?" Mas porque os he dicho estas cosas, la tristeza ha llenado vuestro corazón.* (Juan 16:5–6)

Ellos no pudieron entender nada, sino solamente el horrible hecho de que Jesús se estaba yendo, pero Él dijo algo muy importante que todos nosotros necesitamos entender:

Pero os digo la verdad: os conviene que me vaya; porque si no me voy, el Consolador no vendrá a vosotros; pero si me voy, os lo enviaré. (Juan 16:7)

Aún tengo muchas cosas que deciros, pero ahora no las podéis soportar. Pero cuando El, el Espíritu de verdad, venga, os guiará a toda la verdad, porque no hablará por su propia cuenta, sino que hablará todo lo que oiga; y os hará saber lo que habrá de venir. (Juan 16:12–13)

Aquí encontramos nuevamente el principio del intercambio de Personas. Jesús dijo, "Mientras que Yo estoy aquí, el Consolador no puede venir. Pero si Yo me voy, entonces tendré la libertad de mandar al Consolador a que tome Mi lugar. Esto es algo que a ustedes les conviene bastante; es lo que más les conviene". Yo creo que Jesús estaba diciendo, "Ustedes van a estar mucho mejor cuando Yo esté en el cielo y el Espíritu Santo esté en la tierra, de lo que lo están ahora, estando Yo en la tierra y el Espíritu Santo en el cielo".

Cuando el Espíritu Santo descendió, los discípulos tuvieron una nueva perspectiva de la vida y ministerio de Jesús.

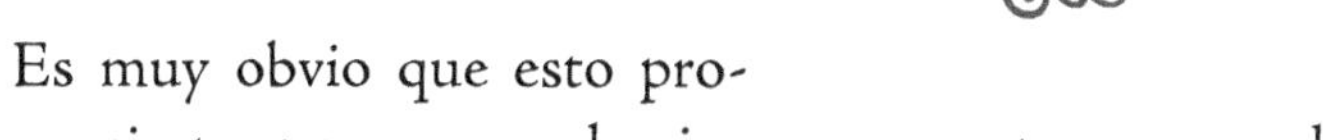

Es muy obvio que esto probó ser cierto, porque en el mismo momento en que el

Espíritu Santo descendió, los discípulos tuvieron un entendimiento completamente diferente de toda la vida, ministerio, y enseñanza de Jesús. Hasta ese momento, ellos eran extremadamente lentos para poder apreciar incluso las verdades más fundamentales de lo que Jesús estaba diciendo. En el momento en que el Espíritu Santo descendió, ellos tuvieron un entendimiento completamente nuevo.

Muchas veces, escuchamos que algunos cristianos dicen, "¿Acaso no sería maravilloso si pudiéramos ser como los apóstoles en los días del ministerio terrenal de Jesús—y si pudiéramos estar tan cerca de Jesús como ellos, y tener esa misma cantidad de enseñanza impartida por Él?" Pero esto no es lo que la Escritura enseña. Juan 16:7 nos dice que estamos mejor ahora, de como lo estaban los discípulos durante el período en que Jesús estaba en la tierra, y que el Espíritu Santo no había llegado todavía. El Espíritu Santo no podía llegar mientras que Jesús estuviera presente en persona aquí en la tierra.

> *Pero cuando El, el Espíritu de verdad, venga, os guiará a toda la verdad, porque no hablará por su propia cuenta, sino que hablará todo lo que oiga; y os hará saber lo que habrá de venir.* (Juan 16:13)

Cuando tenemos el Espíritu Santo, podemos decir irreverentemente que contamos con una línea privada hacia el cielo. Podemos estar siendo informados de todo lo que sucede en los consejos de la Trinidad.

En el versículo anterior, tenemos una de las indicaciones más claras con relación a la personalidad del Espíritu Santo. *"Cuando El, el Espíritu de verdad, venga..."*. Debes notar que el pronombre usado aquí es *Él*, y no *ello*. En el idioma griego, la palabra que se usa para *"Espíritu"*, es la palabra *neuma*, que es de género neutro. El lenguaje griego tiene tres géneros: masculino, femenino, y neutro. El pronombre que debería ser usado aquí, para que esto estuviera gramaticalmente correcto, debería ser *ello*. Pero Jesús, o el escritor del evangelio, que es Juan, deliberadamente violaron las reglas de la gramática para usar el pronombre masculino *Él*, y no el pronombre en género neutro *ello*. Esta es la manera más enfática para poder decir que el Espíritu Santo es un Él.

El Espíritu Santo glorifica a Jesús

> *El me glorificará, porque tomará de lo mío y os lo hará saber.* (Juan 16:14)

El Espíritu Santo nunca se glorifica a Sí mismo; Él glorifica a Jesús. Él nunca se enfoca en Sí mismo; Él se enfoca en Jesús. Todo lo que el Espíritu Santo hace, a final de cuentas, está dirigido para glorificar a Jesús, y por lo tanto, cualquier cosa que no glorifica a Jesús, no es una obra del Espíritu Santo. Esta es una manera muy buena para poder probar qué cosas son del Espíritu Santo y cuales no son de Él.

El Espíritu Santo es el administrador de nuestra herencia eterna

El siguiente hecho que Jesús reveló es que el Espíritu Santo es el Administrador de nuestra herencia.

> *Todo lo que tiene el Padre es mío; por eso dije que El toma de lo mío y os lo hará saber.* (Juan 16:15)

El Espíritu Santo es el Administrador de toda la herencia de la Trinidad.

Todo lo que el Padre celestial tiene, le pertenece al Hijo, y todo lo que el Hijo tiene, le pertenece al Padre celestial, y el Espíritu Santo es el Revelador y Administrador de todo esto. En Romanos 8:17 nos dice que somos *"herederos de Dios y coherederos con Cristo".* Podemos compartir legalmente toda la herencia con Cristo Jesús. Pero la cosa más importante que tenemos que recordar es ésta: el Espíritu Santo administra la herencia. Jesús estaba diciendo, "He nombrado al Espíritu Santo como el Ejecutor o Apoderado de Mi herencia. Si tú quieres la herencia, tienes que buscar al Ejecutor o Apoderado".

Este punto se ilustra vivamente en Génesis 24, en la historia donde Abraham estaba buscando una novia para su hijo Isaac. Abraham es un tipo de Dios el Padre, Isaac es un tipo de Jesucristo el Hijo, y Rebeca es un tipo de la iglesia. Existe una persona más en esta historia, y esa persona es el sirviente, que representa al Espíritu Santo. Si tú lees la historia, vas encontrar que declara específicamente que todo lo que Abraham e Isaac poseían se encontraba bajo el control del sirviente. El sirviente administraba toda la herencia. De la misma manera, el Espíritu Santo es el Administrador de toda la herencia de la Trinidad.

La razón de que algunos cristianos tienen tanta teoría en su cabeza, pero muy poca experiencia, es que ellos han leído el testamento, pero no han llegado a conocer al Ejecutor Legal o Apoderado. El Espíritu Santo toma todo lo que pertenece al Padre celestial y al Hijo, lo revela y nos lo imparte. Si tú pasas por alto al Ejecutor o Apoderado, tú no vas a poder obtener nada de lo que se encuentra en el testamento.

El cristianismo nunca puede ser reducido meramente a un tipo de teología, debido a que la teología es el testamento. Tú puedes mantener el testamento en tus manos para siempre, y jamás llegar a poseer nada de la herencia. Mientras más cerca estés del Espíritu Santo, mucho más vas a poder disfrutar tu herencia. Pero si no te encuentras en una correcta relación con el Espíritu Santo, vas estar viviendo como un huérfano, siendo que deberías estar viviendo como un hijo del Rey. La herencia está ahí, pero tú eres incapaz de participar de ella.

Recibiendo el soplo del Espíritu Santo

Ahora quiero discutir lo que significó para los discípulos de Jesús recibir el soplo del Espíritu Santo. El día que Jesús resucitó, Él se apareció a los discípulos cuando se encontraban todos en grupo.

> *Entonces, al atardecer de aquel día, el primero de la semana, y estando cerradas las puertas del lugar donde los discípulos se encontraban por miedo a los judíos, Jesús vino y se puso en medio de ellos, y les dijo: Paz a vosotros. Y diciendo esto, les mostró las manos y el costado. Entonces los discípulos se regocijaron al ver al Señor.* (Juan 20:19–20)

Aunque Su cuerpo había sido transformado maravillosamente, todavía contenía las marcas visibles de Su crucifixión como una evidencia indisputable del hecho de que Él era la misma persona que ellos habían visto ser crucificado y morir en la cruz. Podemos leer lo siguiente,

> *Entonces los discípulos se regocijaron al ver al Señor.* (Juan 20:20)

Estoy seguro que existió un gozo indescriptible y tan grande que llenó sus corazones cuando ellos pudieron digerir la realidad de que Jesús se encontraba vivo.

> *Jesús entonces les dijo otra vez: Paz a vosotros; como el Padre me ha enviado, así también yo os envío. Después de decir esto,* ***sopló sobre ellos*** *y les dijo:* ***Recibid el Espíritu Santo.***
> (Juan 20:21–22, se añadió énfasis)

"Sopló sobre ellos". La palabra griega para *"sopló"* se usa en el idioma griego secular cuando una persona está

tocando una flauta y tiene que soplar la flauta para poder producir música. Una persona que toca una flauta o algún instrumento similar no se para lejos a la distancia y sopla en ella. La acerca justo a su boca, colocando su boca en la pieza que ha sido diseñada especialmente para ello, y entonces sopla. Yo no puedo probar esto, y estoy intentando hacerlo, pero para mí, la implicación es que Jesús no solamente se puso de pie y sopló a todos los discípulos como un grupo, pero creo que se acercó a cada uno individualmente y sopló a cada uno de ellos en forma individual.

Yo creo que ocurrió de esta manera porque ésta era la nueva creación, y era una manera de volver a recrear lo que sucedió cuando el hombre fue creado por primera vez en el jardín del Edén. El Señor Dios había bajado, puso Sus labios en aquellos labios de barro, y sopló el aliento de vida dentro de Adán. De la misma forma, en el primer acto de la nueva creación, el Cristo resucitado sopló dentro de Sus discípulos, no solo la vida, sino la vida de resurrección.

En el primer acto de la nueva creación, el Cristo resucitado sopló dentro de Sus discípulos la vida de resurrección.

Yo creo que existe una gran diferencia entre el soplo de vida que Adán recibió, y el soplo que los discípulos recibieron. Esta era la vida que había triunfado sobre la muerte. Esta era vida eterna. Vida indestructible. Vida que ni el pecado, la muerte, el diablo, o ninguna otra cosa jamás podría conquistar o derrotar. Jesús sopló dentro de ellos una vida completamente victoriosa, puesto que era Su propia vida. Y Él dijo, "*Recibid el Espíritu Santo*".

En el idioma original griego, el artículo definido *el* no existe. Debes recordar que la palabra traducida como "*Espíritu*", la cual es *neuma,* también significa aliento o viento. Por lo tanto podemos traducir esto legítimamente como, "Recibid el aliento santo". Yo creo que la acción de Jesús va de acuerdo a Sus palabras. Él sopló dentro de ellos el aliento santo, el aliento divino de vida resucitada, y ellos fueron creados de nuevo. Este es el momento cuando la nueva creación se realizó por primera vez.

Yo creo que en este momento, los discípulos fueron salvos con lo que podríamos llamar la salvación del Nuevo Testamento. Romanos 10:9 dice que para que podamos recibir la salvación del Nuevo Testamento, se requieren dos actos: tú tienes que confesar a Jesús como Señor, y tienes que creer en tu corazón que Dios lo levantó de los muertos. Sin estos dos pasos, tu puedes tener el tipo de salvación que tenían en el Antiguo Testamento—que era una anticipación de lo que Cristo Jesús iba a comprar—pero no puedes tener la verdadera salvación. Cuando Jesús sopló sobre Sus discípulos, yo pienso que ésta fue la primera vez que ellos creyeron en su corazón que Dios había levantado a Jesús de los muertos.

Los discípulos recibieron el Espíritu Santo primeramente no como una Persona, sino como un soplo, como la vida divina y eterna de resurrección. Ellos recibieron al Cristo resucitado y al Espíritu Santo que había sido soplado dentro de ellos. Pero las promesas que Jesús había dado en el Evangelio de Juan, a lo largo de todo el mismo, y que hemos estado estudiando, todavía no se habían cumplido.

El derramamiento del Espíritu Santo

El hecho de que la promesa del Espíritu Santo todavía no se había cumplido es algo que es muy importante que puedas entender, porque cuarenta días más tarde, Jesús todavía se volvió a referir a esas promesas como algo que iba a suceder en el futuro. Vamos a ver ahora el libro de los Hechos, en el tiempo justo antes de que Jesús ascendiera al cielo, cuando Él les dijo a Sus discípulos lo siguiente:

> *Pues Juan bautizó con agua, pero vosotros seréis bautizados con el Espíritu Santo dentro de pocos días.* (Hechos 1:5)

> *Pero recibiréis poder cuando el Espíritu Santo venga sobre vosotros; y me seréis testigos en Jerusalén, en toda Judea y Samaria, y hasta los confines de la tierra.* (Hechos 1:8)

En su evangelio, Lucas también registró estas instrucciones de Jesús a Sus discípulos justo antes de que Él ascendiera al cielo,

> *Y he aquí, yo enviaré sobre vosotros la promesa de mi Padre; pero vosotros, permaneced en la ciudad hasta que seáis investidos con poder de lo alto.*
>
> (Lucas 24:49)

En aquel entonces, el hecho de ser bautizados con el Espíritu Santo todavía era algo que se encontraba en el futuro. La Escritura revela el cumplimiento de *"dentro de pocos días"* que Jesús habló en Hechos 1:5. Diez días más tarde, en el día de Pentecostés, los discípulos tuvieron la experiencia que Jesús había estado prometiendo. Casi todos los comentaristas del Nuevo Testamento, ya sea que sean católicos o protestantes, bautistas o pentecostales, están de acuerdo que el día de Pentecostés fue el cumplimiento de las promesas que Jesús dio a través de todo el evangelio de Juan.

Vamos a ver esta experiencia, tal y como se encuentra descrita en Hechos 2.

> *Cuando llegó el día de Pentecostés, estaban todos juntos en un mismo lugar. De repente vino del cielo un ruido como el de una ráfaga de viento impetuoso que llenó toda la casa donde estaban sentados, y se les aparecieron lenguas como de fuego que, repartiéndose, se posaron sobre cada uno de ellos. Todos fueron llenos del Espíritu Santo y comenzaron a*

> *hablar en otras lenguas, según el Espíritu les daba habilidad para expresarse.* (Hechos 2:1–4)

Un poco más tarde, Pedro explicó a la multitud que se había reunido, "*Sino que esto es lo que fue dicho por medio del profeta Joel: Y sucederá en los últimos días—dice Dios—que derramaré de mi Espíritu sobre toda carne; y vuestros hijos y vuestras hijas profetizarán, vuestros jóvenes verán visiones, y vuestros ancianos soñarán sueños*" (Hechos 2:16–17). Estas palabras nos muestran lo que estamos tratando aquí. Esta era la promesa. El explicó que el Espíritu Santo fue dado debido a que Jesús había sido glorificado.

> *A este Jesús resucitó Dios, de lo cual todos nosotros somos testigos. Así que, exaltado a la diestra de Dios, y habiendo recibido del Padre la promesa del Espíritu Santo, ha derramado esto que vosotros veis y oís.* (Hechos 2:32–33)

Esta fue la culminación de todas aquellas promesas. Cuando Jesús fue glorificado en el cielo, Él recibió del Padre celestial la promesa del Espíritu Santo, y entonces, Jesús derramó el Espíritu Santo en los discípulos que Lo estaban esperando. Lo que estamos hablando acerca de recibir el bautismo en el Espíritu Santo, es la misma experiencia que los discípulos recibieron el día de Pentecostés.

Inmersión, llenura, y fluir

¿Qué es lo que podemos ver en la experiencia de los discípulos descrita anteriormente? Mi mente analítica puede ver tres cosas: (1) una inmersión o un bautismo; (2) una llenura o plenitud; y (3) un fluir. Yo creo que éste es el paquete ideal. Tú puedes tomar una parte de ello y todavía tendrías algo, pero tú nunca llegarías a tener la experiencia que experimentaron o tuvieron los discípulos.

El bautismo en el Espíritu Santo es la inmersión en "las cataratas del Niágara"—porque desciende desde arriba, envolviendo completamente al creyente.

Yo creo que el bautismo en el Espíritu Santo es una inmersión. Existen dos tipos de inmersión. Yo las llamo la inmersión en una alberca y la inmersión en las cataratas del Niágara. El bautismo en agua consiste en meterse y salir de. Esta es la inmersión en la alberca. El bautismo en el Espíritu Santo es la inmersión en las cataratas del Niágara. Recuerdo que una vez me encontraba parado observando las cataratas del Niágara a medida que toda esa tremenda cantidad de agua descendía sobre el abismo. Pensé dentro de mí, *Tú no podrías estar parado debajo de toda esa agua por medio segundo sin ser sumergido completamente.* Desciende desde arriba. Te rodea y te envuelve por completo. En cada lugar dentro de los primeros quince capítulos del libro de los Hechos, donde habla acerca del Espíritu Santo descendiendo en la gente, el lenguaje siempre implica que está descendiendo desde arriba.

Por lo tanto en el día de Pentecostés, hubo una inmersión. El Espíritu de Dios descendió desde el cielo sobre los seguidores de Jesús, llenando toda la casa donde se encontraban. Debido a que toda la casa fue llena por completo, cada uno de ellos fue sumergido individualmente en la presencia del Espíritu Santo. Esto es algo de lo que nadie se podía escapar.

En segundo lugar, dice, *"Todos fueron llenos"* (Hechos 2:4). No solamente los rodeó a todos ellos, sino que también entró en ellos; todos ellos fueron llenos internamente.

En tercer lugar, habiendo sido llenos, dice que todos ellos *"comenzaron a hablar"* (versículo 4). Esta es la manera de fluir o el flujo. Debes recordar que Mateo 12:34 dice, *"De la abundancia del corazón habla la boca"*. Cuando el corazón está tan lleno que se encuentra rebozando, este fluir o flujo se lleva a cabo a través de la boca, por medio de hablar. ¿Cuando supieron ellos que estaban completamente llenos? Cuando se encontraban rebozando y fluyendo con este flujo. Hasta este momento, no existía manera en que ellos pudieran medir qué tan "alto" había llegado esa llenura o plenitud. Pero cuando rebozaron y estaban fluyendo, ellos pudieron saber que habían sido llenos completamente.

El modelo escritural

Yo creo que éste es el modelo escritural para recibir el bautismo en el Espíritu Santo. Mi experiencia es que si enseñamos a la gente este modelo, esto es lo que ellos van a recibir. Si les enseñamos algo menor a esto, la gente va a tener la tendencia a recibir algo mucho menor. Yo no veo razón alguna para reducir aquello que Dios ya ha presentado de esta manera: la inmersión, la llenura, y el fluir.

Tal vez tú nunca has sido bautizado en el Espíritu Santo. Si tú estás convencido en tu corazón que esta es la experiencia que necesitas recibir, tu puedes recibirla. En el momento en que tú creas que puede suceder, entonces, sucederá.

Cuando el corazón está tan lleno hasta rebosar, esta plenitud se manifiesta por medio de expresarlo con la boca.

Las Escrituras registran que mucha gente que testificó lo resultados inmediatos del bautismo en el Espíritu Santo no entendía realmente lo que estaba ocurriendo. Algunos de nosotros hemos tenido la misma experiencia. Tal y como mencioné anteriormente, en 1941, mientras que yo era un soldado en el ejército británico, el Señor Jesús me visitó milagrosamente a medianoche en un cuarto de las barracas, revelándoseme, y como diez días más tarde me bautizó en el Espíritu Santo. Comencé a hablar en una lengua desconocida por primera vez en ese cuarto de las barracas.

Yo compartía ese cuarto con otro soldado, y la noche que fui convertido, él se despertó para encontrarme de espaldas contra el piso en medio del suelo. Él caminó alrededor de mi a cierta distancia sacudiendo su cabeza y diciendo,"Yo no sé qué hacer contigo. Supongo que no es buena idea que yo derrame agua sobre ti".

La noche que Dios me bautizó en el Espíritu Santo, este soldado estaba afuera en un baile. Después de que yo había estado hablando en lenguas por cerca de diez minutos, y no estaba muy seguro de qué se trataba todo esto, pude escuchar sus pasos en el corredor, y yo sabía que él estaba de regreso. Así que pensé dentro de mí, *Él ya piensa que yo soy muy raro. Si entra y me encuentra hablando este lenguaje tan extraño sin ninguna explicación, Él va a pensar que soy mucho más extraño todavía.* Decidí que le iba yo a explicar todo lo que me había sucedido.

Realmente no sé cómo empecé a explicar algo que yo mismo no podía entender, pero cuando comencé a hablar con él, sucedió que yo no podía hablar en mi idioma natal que es el inglés, así que le expliqué todo usando este lenguaje desconocido. ¡Más que seguro, él pensó que yo era todavía más raro! Afortunadamente, él era un agnóstico. Su actitud era que todo el mundo tenía el derecho de hacer lo que cada quien quisiera, y "si esa era su cosa, voy a dejarlo que lo haga", ¡y eso era bastante tolerante!

Recibiendo el Espíritu Santo

Quiero explicarte ahora en términos muy prácticos, como tú, siendo creyente, puedes ser bautizado en el Espíritu Santo. La manera más simple que conozco para describir el proceso es ir de regreso al capítulo siete del evangelio de San Juan:

> *Y en el último día, el gran día de la fiesta, Jesús puesto en pie, exclamó en alta voz, diciendo: Si alguno tiene sed, que venga a mí y beba. El que cree en mí, como ha dicho la Escritura: "De lo más profundo de su ser brotarán ríos de agua viva." Pero El decía esto del Espíritu, que los que habían creído en El habían de recibir; porque el Espíritu no había sido dado todavía, pues Jesús aún no había sido glorificado.*
>
> (Juan 7:37–39)

En estos versículos del evangelio de San Juan, Jesús describe como recibir el bautismo en el Espíritu Santo. Tu puedes recibirlo si cumples estos requisitos tan simples del Señor con fe.

Debes estar sediento

Jesús dijo, *"Si alguno tiene sed"* (Juan 7:37). El primer requisito es estar sediento—o por decirlo de otra manera, tú sientes que necesitas más de Dios, de lo que tú tienes actualmente. Tú no tienes que ser un estudiante de la Biblia. Tú no tienes que salir de una iglesia, o adherirte a una iglesia, recitar Escrituras, o pagar diezmos. El bautismo en el Espíritu Santo es para aquellos que están sedientos. Si tú no estás sediento, es un desperdicio de tu tiempo buscarlo. Pero tú no tienes que ser un teólogo o un experto en las Escrituras, y tampoco una persona muy espiritual. Lo único que tienes que saber, es que necesitas más de Dios, de lo que tienes actualmente.

Una de las cosas en que me familiaricé cuando yo era un soldado en el desierto fue la sed, porque habitualmente nos encontrábamos escasos de agua, y el clima estaba muy caliente, y todo alrededor muy polvoso. Descubrí que cuando te encuentras sediento, tú sólo quieres una sola cosa, y esa cosa es beber. A ti no te interesa la comida, no te interesa el placer, y tampoco te interesa dormir; tú sólo quieres beber. Esto es de lo que se trata estar sediento.

Debes venir a Jesús

En segundo lugar, Jesús dijo, *"Que venga a mí"* (Juan 7:37). Esto es muy simple. Existe solamente un solo Bautizador en el Espíritu Santo, y es el Señor Jesucristo. Este es Su ministerio principal. *"Este es el que bautiza con el Espíritu Santo"* (Juan 1:33). Si tú deseas este bautismo, tú tienes que venir al Bautizador. Pero Jesús también dijo, *"Al que viene a mí, de ningún modo lo echaré fuera"* (Juan 6:37). Si tú vienes a Él, Él te va a recibir.

Hay tres cosas que tienes que hacer para recibir el bautismo en el Espíritu Santo: estar sediento, venir a Jesús, y beber.

Debes beber

En tercer lugar, Jesús dijo, *"beba"* (Juan 7:37). Aquí es donde la gente tiene problemas. "Beber" significa que a través de un acto voluntario, tú recibes el Espíritu Santo dentro de ti. Existe un dicho popular que dice lo siguiente, "Tú puedes llevar un caballo a que beba agua, pero tú nunca puedes forzarlo a beber". El acto de beber solo sucede como resultado voluntario de la persona. Nadie puede beber por ti. Tú tampoco puedes beber si mantienes tu boca cerrada. Nadie jamás ha podido recibir el bautismo en el Espíritu Santo con su boca cerrada. Tienes que abrir tu boca y beber—no es agua visible, sino que se trata del Espíritu de Dios. Tú puedes decir, "Parece algo chistoso". Bueno, ¿a quién le importa cómo se parece esto? Si a ti te importa, entonces debes regresar cuando ya no te importe. Yo nunca he visto una persona así, que acabe sin recibir el Espíritu Santo.

La persona que una vez estaba seca y sedienta, ésta persona bautizada en el Espíritu Santo, ahora se convierte en una canal de ríos de agua viva para los demás.

Éstos son los tres pasos: debes estar sediento, debes venir a Jesús, y debes beber. Cuando tú haces tu parte, Dios hace la Suya. Básicamente, Jesús dijo, "Cuando tú bebes el agua viva dentro de ti, ésta se convierte en ríos". ¿Acaso no es esta una transformación admirable? Una persona que simplemente era un ser humano sediento, ahora se convierte en un canal de ríos de agua. *"De lo más profundo de su ser brotarán rios de agua viva"* (Juan 7:38).

Cuando fui bautizado en el Espíritu Santo, existió una cosa de la cual estaba muy consciente; era el hecho de que todo esto comenzó en mi vientre. Yo podía poner mi mano exactamente en el lugar donde todo esto comenzó. Y yo pensé en ese tiempo que el vientre era algo muy especial, pero jamás pensé que fuera el lugar adecuado para que alguna cosa espiritual comenzara. Pero Jesús dijo, *"de lo más profundo de su ser"* (Juan 7:37). De la parte más íntima de tu cuerpo, algún lugar dentro de ti, van a salir ríos de agua viva. Es debido a que existe un lugar especial en tu cuerpo, creado por Dios, con el propósito específico de ser el templo del Espíritu Santo. De esta área es que van a fluir los ríos de agua viva.

Esta es la plenitud que te va a hacer rebosar. Otra vez, *"De la abundancia del corazón habla la boca"* (Mateo 12:34). Todos los discípulos fueron llenos con el Espíritu Santo, y todos ellos comenzaron a hablar. Esta fue una llenura sobrenatural y una plenitud rebosando sobrenaturalmente. Ellos hablaron en unas lenguas que no conocían.

Los discípulos realizaron el acto de hablar; fue el Espíritu Santo quien les dio el lenguaje.

Cuando tú llegas a este punto, en base a la experiencia, yo puedo saber que vas encontrar dos problemas. Primero, tú tal vez tengas la tendencia a decir, "Bueno, quiero que Dios haga todas las cosas". Eso no es escritural. Los discípulos realizaron el acto de hablar; el Espíritu Santo dio el lenguaje. El Espíritu Santo no va a hacer el acto de hablar por ti. Si tú estás esperando que esto suceda, tú vas esperar para siempre.

Yo conocí un hombre en una iglesia pentecostal que había estado esperando veinticinco años para recibir el bautismo en el Espíritu Santo. Yo le dije, "Si tú empiezas a hablar, el Espíritu Santo te dará las palabras". Pero respondió, "Oh no. Yo quiero que Dios lo haga todo". "Bueno", le dije, "tú quieres algo que Dios no quiere. Dios quiere que tú hagas tú parte, y Él hará la Suya. Pero Dios no va a realizar la parte que a ti te corresponde".

Tal vez tú has sido condicionado a creer que esto es tan poderoso y sobrenatural que tú no tienes que hacer nada hasta que explota dentro de ti y tú no tienes control sobre ello. Esto no es correcto. Cuando tú hablas, el Espíritu Santo, que es todo un caballero y no te forza, ni te obliga, te dará las palabras.

No se trata de sentir algo; es un asunto de tener fe en la Palabra de Dios.

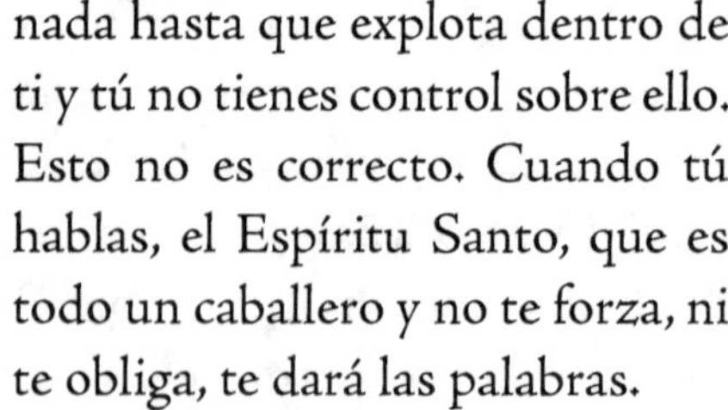

El segundo problema llega después de que tú comienzas a hablar en otras lenguas. Esto no le sucede a todo el mundo, pero tal vez le sucede a más de la mitad de las gentes. Existe una pequeña voz inaudible y que por algún lado está diciendo, "Eso no es real. Tú lo estás inventando por ti mismo". Cuando esto sucede, la manera de responder es decir, "Tú estás correcto, diablo mentiroso, y yo sé que el que está hablando eres tú. Yo estoy realizando el acto de hablar, pero el Espíritu Santo es quien está dando las palabras".

Entonces, existe una cosa más que el diablo tal vez pueda decir: "Esas palabras suenan muy tontas. ¿Cómo puedes saber tú que recibiste la cosa correcta?" No le contestes diciendo, "Porque me siento fantástico", debido a que tal vez el día de mañana tú te vas a sentir mucho menos que fantástico, y entonces tú te vas a preguntar si acaso recibiste la cosa correcta. La respuesta con relación a que sí tienes la cosa correcta es ésta: Jesús prometió que si tú le pides al Padre celestial el Espíritu Santo, Él no te va a dar ninguna otra cosa.

> *¿O qué hombre hay entre vosotros que si su hijo le pide pan, le dará una piedra, o si le pide un pescado, le dará una serpiente? Pues si vosotros, siendo malos, sabéis dar buenas dádivas a vuestros hijos, ¿cuánto más vuestro Padre que está en los cielos dará cosas buenas a los que le piden?* (Mateo 7:9–11)

> *Pues si vosotros siendo malos, sabéis dar buenas dádivas a vuestros hijos, ¿cuánto más vuestro Padre celestial dará el Espíritu Santo a los que se lo pidan?* (Lucas 11:13)

Si tú te acercas a Dios el Padre celestial a través de Cristo Jesús el Hijo, y le pides el Espíritu Santo, tú nunca vas a recibir ninguna otra cosa equivocada. Por lo tanto, tu garantía no consiste en cómo te sientas. Tu garantía es que Dios lo ha dicho. No es un asunto de sentimientos; es un asunto de fe en la Palabra de Dios.

Parte 2:

Viviendo en la plenitud del Espíritu Santo

Capitulo 6

Ser guiados por el Espíritu Santo

Ser guiados por el Espíritu Santo

En el capítulo anterior, yo mencione cinco ministerios del Espíritu Santo: Maestro, Recordador, Guía, Revelador, y Administrador. En este capítulo, quiero enfocarme en el ministerio particular del Espíritu Santo como Guía.

Vamos a comenzar por ver en el libro de Juan 16:13 otra vez: "*Pero cuando El, el Espíritu de verdad, venga, os guiará a toda la verdad, porque no hablará por su propia cuenta, sino que hablará todo lo que oiga; y os hará saber lo que habrá de venir*". Esa es una declaración muy clara de las Escrituras, con relación a que el Espíritu Santo viene para constituirse en nuestro Guía. Cuando somos bautizados en el Espíritu Santo, debemos aprender a ser guiados por el Espíritu, y a llevar el fruto del Espíritu, por medio de vivir en la gracia que Cristo proveyó para nosotros.

La madurez cristiana significa ser llamado en forma regular por el Espíritu Santo

En Romanos 8:14, que es un versículo muy importante, Pablo habló acerca de cómo podemos ser llenos y convertirnos en cristianos completos. *"Porque todos los que son guiados por el Espíritu de Dios, los tales son hijos de Dios"*. El tiempo del verbo aquí es el tiempo presente continuo. En otras palabras, todos aquellos que son *guiados regularmente* por el Espíritu de Dios, estos son los hijos de Dios. La palabra *"hijos"* nos habla acerca de la madurez. No es la palabra que se aplica a un bebé, sino a un hijo maduro. Por supuesto, para poder convertirnos en hijos de Dios, tenemos que nacer de nuevo del Espíritu de Dios. Jesús habló acerca de esto muy claramente en Juan capítulo tres. Pero una vez que hemos nacido de nuevo, para que podamos crecer, madurar, y llegar a convertirnos en hijos e hijas completos, necesitamos ser guiados consistentemente por el Espíritu Santo.

El bautismo en el Espíritu Santo es una relación continua con el Padre celestial, a través del Hijo, y por el Espíritu Santo.

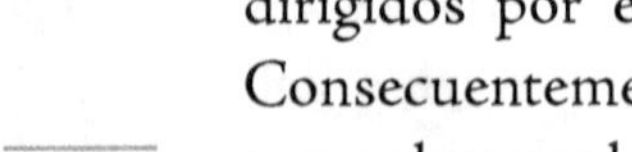

La triste verdad es que muchos cristianos que han nacido de nuevo y han sido bautizados en el Espíritu Santo, nunca han continuado para ser dirigidos por el Espíritu Santo. Consecuentemente, ellos no llegan a alcanzar la madurez, y no se convierten en la clase de cristianos completos que Dios quiere que sean. De hecho, algunas de las gentes que hablan más acerca del Espíritu Santo, conocen muy poco acerca de ser guiados por Él. Yo he sido pentecostal por más de cincuenta años. Yo le doy gracias a Dios por todos los pentecostales; yo les debo mi salvación a ellos. Pero la gente que dice, "Yo fui bautizado en el Espíritu Santo en 1986 y hablé en lenguas, y eso es todo", probablemente se encuentra muy lejos del toque del Espíritu Santo actualmente. El bautismo en el Espíritu Santo no es una experiencia de una sola vez; es una relación continua con el Padre celestial, a través del Hijo, y por el Espíritu Santo.

Entendiendo el principio de la ley en contra de la gracia

Una razón por la cual los cristianos no llegan a alcanzar la madurez es que nunca han podido entender verdaderamente lo que significa recibir la justicia de Cristo Jesús. Encuentran muy difícil el hecho de permitir que el Espíritu Santo se convierta en su Guía, debido a que están dependiendo en algún otro método para encontrar la dirección de su vida.

La Biblia revela dos maneras alternativas para alcanzar la justicia con Dios. La diferencia entre las dos es extremadamente importante, y es el tema principal en el Nuevo Testamento; pero de acuerdo a mi observación, muchos creyentes ponen muy poca atención a este asunto en particular. Estas dos formas son *la ley* y *la gracia*. La

Biblia explica muy claramente que ellas son mutuamente exclusivas. Si tú buscas alcanzar la justicia por medio de la ley, tú no vas a poder alcanzarla por medio de la gracia. Por el otro lado, si tú buscas alcanzar la justicia por medio de la gracia, entonces tú no vas a poder lograrlo por medio de guardar la ley.

Esta verdad es tremendamente importante, debido a que, aunque tal vez esté hablando acerca de un área limitada de la iglesia cristiana con la que yo me encuentro familiarizado, yo puedo ver que la mayoría de los cristianos que están tratando de vivir parcialmente dentro de la ley y parcialmente dentro de la gracia. La verdad de este asunto es que—ellos no entienden realmente ni uno, ni el otro. Pero es vital poder entender ambos, a fin de poder aprender como ser guiados por el Espíritu Santo.

La naturaleza de la ley

La ley es un grupo de reglas que tú tienes que guardar. Y si tú guardas todas las reglas, todo el tiempo, entonces tú eres considerado justo. La gracia, por el otro lado, es algo que no podemos obtener ni lograr por medio de trabajar para ello. Si tú estás trabajando por algo, o si estás buscando obtener algo, entonces esto ya no es la gracia. La gracia se recibe de Dios en una sola manera. Efesios 2:8 dice lo siguiente: *"Porque por gracia habéis sido salvados por medio de la fe, y esto no de vosotros, sino que es don de Dios"*. La gracia sólo viene por medio de la fe, y el resultado es la justicia.

Por lo tanto, si tú quieres lograr alcanzar la justicia, y si quieres entrar a la madurez de Dios, tú tienes que decidir si lo vas a realizar por medio de la ley o por medio de la gracia. Si tú sigues el consejo de la Biblia, tú no vas a tratar de hacerlo por medio de la ley, porque la Biblia dice que nadie puede llegar a alcanzar la justicia con Dios por medio de guardar la ley.

Muchos cristianos tratan de vivir parcialmente por la ley y parcialmente por la gracia, porque ellos no entienden ni la una, ni la otra.

Para poder entender las razones de esto, vamos a mirar algunos de los requisitos de la ley. El principio básico que tienes que entender es este: para ser justo por medio de la ley, tú tienes que mantener *toda la ley por completo, todo el tiempo*. No es suficiente guardar toda la ley por algún período de tiempo, o guardar parte de la ley todo el tiempo. Si tú no estás guardando toda la ley continuamente, no puedes hacerte justo.

Pablo explicó este concepto en su epístola a los Gálatas. "*Porque todos los que son de las obras de la ley están bajo maldición, pues escrito está: Maldito todo el que no permanece en todas las cosas escritas en el libro de la ley, para hacerlas*" (Gálatas 3:10). Santiago escribió de forma similar lo siguiente:

> *Porque cualquiera que guarda toda la ley, pero tropieza en un punto, se ha hecho culpable de todos. Pues el que dijo: No cometas adulterio, también dijo: No mates. Ahora bien, si tú no cometes adulterio, pero matas, te has convertido en transgresor de la ley.* (Santiago 2:10–11)

Por lo tanto, si tú quieres recibir la bendición y evitar la maldición, tú tienes que continuar haciendo todas las cosas que dice la ley, todo el tiempo. Tú no puedes separar los mandamientos que tú creas que son más importantes diciendo, "Voy a guardar estos mandamientos, pero no voy a guardar los otros". Tú tienes que guardar cada mandamiento, o de otra manera la ley no te beneficia en nada, *como el medio para lograr alcanzar la justicia.*

La Biblia dice que nadie jamás puede tener éxito en guardar toda la ley. Este hecho está declarado muy claramente en muchos pasajes de la Biblia. Vamos a ver dos de ellos.

Romanos 3:20 dice, "*Porque por las obras de la ley ningún ser humano será justificado delante de El; pues por medio de la ley viene el conocimiento del pecado*". Pablo estaba diciendo que no existe ser humano que jamás pueda alcanzar la justicia ante la vista de Dios, por medio de guardar la ley.

Tú tal vez quieras discutir, "¿Entonces porque Dios le dio la ley a Moisés?" La ley, de hecho, nunca fue dada para hacer justo a nadie. Uno de sus propósitos era el poder mostrarnos la necesidad que tenemos de ser salvos.

Un segundo propósito era mostrarnos que no podemos salvarnos a nosotros mismos.

> *Porque mientras estábamos en la carne, las pasiones pecaminosas despertadas por la ley, actuaban en los miembros de nuestro cuerpo a fin de llevar fruto para muerte.* (Romanos 7:5)

La gente cree erróneamente que todo va estar bien si ellos guardan sólo una parte de la ley durante algún tiempo.

Esta es una declaración asombrosa. Dice que la ley exalta las pasiones del pecado. A esto es a lo que Pablo se estaba refiriendo cuando dijo, "*El poder del pecado es la ley*" (1 Corintios 15:56). La ley no nos detuvo de pecar; sino que exacerbó el pecado que se encontraba dentro de nosotros. Cuando fui confirmado en la iglesia anglicana a la edad de quince años, me di cuenta por primera vez que lo que yo necesitaba, tenía que ser mucho mejor de cómo yo era. Por lo tanto, yo aprendí todas las preguntas, memoricé todas las respuestas, y dije, "Ahora que ya estoy confirmado, voy a ser una mejor persona". El problema era que mientras más trataba yo de ser bueno, más rápidamente yo era malo. Yo era tan malo, que llegó el momento en que trate de ser bueno, debido a que yo exacerbé algo que se encontraba dentro de mí. Yo no sabía de lo que se trataba en ese entonces, pero es exactamente lo que Pablo nombró como el viejo hombre, el rebelde, la carne. Es cuando tú realmente tratas de hacer algo correcto en tus propias fuerzas, y vienes a darte cuenta que no puedes hacerlo. Mientras más tratas de hacerlo, menos éxito tienes.

El tercer propósito de la ley era mostrar y predecir al Salvador que iba a ser capaz de salvarnos.

Pablo ilustró el propósito de la ley cuando escribió lo siguiente, *"De manera que la ley ha venido a ser nuestro ayo para conducirnos a Cristo, a fin de que seamos justificados por fe"* (Gálatas 3:24). La palabra griega traducida como *"ayo"*, o tutor, es la palabra *paidagogos*. La palabra originalmente se refiere a un esclavo mayor que se encuentra viviendo en la casa de un hombre muy rico, a quien le fue dado el cargo sobre los hijos de la casa que se encuentran en su temprana edad. El tenía dos trabajos. Primero, él tenía que enseñar a los niños los elementos de la educación (tales como las letras del alfabeto, la obediencia, y la diferencia entre lo bueno y lo malo). Entonces, cuando los niños pasaban de esta etapa, su trabajo consistía en enviarlos a través de las calles y llevarlos con el verdadero maestro en la escuela más cercana.

La ley nunca fue dada por Dios para hacer justo a nadie, sino al contrario, para mostrarnos lo mucho que necesitamos ser salvos.

Por lo tanto, la ley nos enseña los elementos básicos de la justicia. Sin embargo, también nos dirige hacia la escuela donde podemos aprender la verdadera lección, que es Cristo Jesús. Esta es una analogía muy clara y muy vívida.

En Gálatas 2:16, Pablo dice lo siguiente: "***Sabiendo*** *que el hombre no es justificado por las obras de la ley*" (se añadió énfasis). La pregunta que surge verdaderamente es si acaso tú conoces verdaderamente que...

> *Sin embargo, sabiendo que el hombre no es justificado por las obras de la ley, sino mediante la fe en Cristo Jesús, también nosotros hemos creído en Cristo Jesús, para que seamos justificados por la fe en Cristo, y no por las obras de la ley; puesto que por las obras de la ley nadie será justificado.*
>
> (Gálatas 2:16)

Hemos creído en Cristo Jesús, para que podamos ser hechos justos en Cristo por medio de la fe, y no por medio de guardar las obras de la ley. Regresando al tercer capítulo del libro de Gálatas, Pablo dice, "*Y que nadie es justificado ante Dios por la ley es evidente, porque El justo vivirá por la fe*" (Gálatas 3:11). La alterativa de vivir bajo la ley es vivir por la fe. Estos son métodos mutuamente exclusivos. Es solo cuando vivimos por la fe, que podemos confiar en el Espíritu Santo como nuestro Guía, y que Le podemos permitir dirigirnos.

Tal y como lo mencioné anteriormente, mi observación es que la mayoría de los cristianos no están viviendo por la fe. Ellos están viviendo en una existencia de penumbras, viviendo a medias bajo la ley y a medias bajo la gracia, y normalmente llegan a obtener lo peor de ambos mundos. Pero la realidad es que—hemos escapado del dominio de la ley por medio de la muerte de Cristo Jesús, y ahora somos libres para ser guiados por el Espíritu Santo. Pablo escribió,

> *Por tanto, hermanos míos, también a vosotros se os hizo morir a la ley por medio del cuerpo de Cristo, para que seáis unidos a otro, a aquel que resucitó de entre los muertos, a fin de que llevemos fruto para Dios.* (Romanos 7:4)

Pablo estaba diciendo que cuando tú te pones bajo la ley, es como un contrato matrimonial donde eres unido a través de tu naturaleza carnal. No importa qué tanto trates de guardar la ley, no vas a poder tener éxito porque el rebelde dentro de ti no va a hacer nada que sea correcto. Pero las buenas noticias son que cuando Jesús murió en la cruz, nuestra naturaleza pecaminosa murió juntamente con Él. "*Nuestro viejo hombre fue crucificado con El*", escribió Pablo, "*para que nuestro cuerpo de pecado fuera destruido, a fin de que ya no seamos esclavos del pecado; porque el que ha muerto, ha sido libertado del pecado*" (Romanos 6:6–7).

> *Pero ahora hemos quedado libres de la ley, habiendo muerto a lo que nos ataba, de modo que sirvamos en la novedad del Espíritu y no en el arcaísmo de la letra.* (Romanos 7:6)

Como parte de la Palabra de Dios, la ley permanece para siempre; la Palabra de Dios nunca pasará. Pero *como el medio para alcanzar la justicia,* Cristo terminó con la ley. *"Porque Cristo es el fin de la ley para justicia a todo aquel que cree"* (Romanos 10:4).

Las buenas noticias son que hemos escapado del dominio de la ley por medio de la muerte de Cristo Jesús.

Ahora que la carne ha sido aniquilada, o ejecutada, Pablo dice que somos libres para un tipo de unión muy diferente, una unión con el Cristo resucitado, a través del Espíritu Santo. *"Que seáis unidos a otro, a aquel que resucitó de entre los muertos, a fin de que llevemos fruto para Dios"* (Romanos 7:4).

Cuando nos encontrábamos casados con la carne, traíamos los frutos de la carne. Pero ahora que nos encontramos unidos con el Cristo resucitado, por el Espíritu Santo, traemos el fruto de Su justicia, que es el fruto del Espíritu Santo. En este sentido no consiste en todo aquello que tratamos de hacer, sino *con quien* estamos unidos, lo que determina la manera como vivimos. Esta es realmente la esencia del mensaje cristiano. Hasta en tanto tú solo estés tratando de ser bueno y de hacer las cosas correctas, tú no has entendido el mensaje. Pero cuando eres unido con Cristo, y vives en esa unidad, entonces, tú puedes ser guiado por el Espíritu Santo.

El carácter de la gracia

Sólo después de que nos damos cuenta que nos encontramos enfermos con esta enfermedad incurable del pecado, es que verdaderamente vamos a desear el remedio. Básicamente, tú tienes que llegar a este punto, si es que verdaderamente vas a aceptar la manera de Dios para alcanzar la justicia, la cual es por medio de la gracia, y no por la ley.

La gracia es la bondad de Dios que nosotros no merecemos. La gente religiosa tiene mucho problema para poder recibir la gracia de Dios, debido a que su mentalidad es la siguiente, "Yo tengo que hacer algo para merecerlo". Cuando yo fui salvo, dejé de ser religioso, porque simplemente me entregue por completo y obtuve todo lo que había para mí. Yo fui salvo, bautizado en el Espíritu Santo, y recibí los dones del Espíritu Santo, todo esto dentro de un período de una semana. Pero otros soldado que fue conmigo a la misma reunión, era un religioso muy profundo, y le tomó muchas semanas para poder obtener lo que yo obtuve en pocos días, debido a que él seguía tratando de hacer los méritos necesarios para merecerlo. El pensó que tenía que ser suficientemente bueno para poder recibirlo.

Cuando te unes con Cristo Jesús, y vives en unidad, entonces puedes ser guiado por el Espíritu Santo.

He hablado con grupos de gente que no reciben el bautismo en el Espíritu Santo, sólo debido a que piensan que tienen que ser suficientemente buenos para merecerlo. Tú nunca vas a poder ser suficientemente bueno para merecer el bautismo en el Espíritu Santo. No hay nada que tú puedas hacer que te pueda convertir en alguien suficientemente bueno para que Dios, la Tercera Persona de la Trinidad venga y habite en tu cuerpo físico. Tú debes entender verdaderamente que la gracia nunca puede ser merecida. Estamos hablando acerca de algo, que si Dios no hubiera escogido hacerlo, nunca hubiera sucedido. Nunca vamos a poder entender completamente la gracia de Dios, pero sí podemos recibirla.

Viviendo bajo la ley o bajo la gracia

El punto medular de nuestra discusión es este: tú tienes que escoger vivir ya sea bajo la ley o bajo la gracia; tú no puedes vivirlo de las dos maneras al mismo tiempo. Pablo estaba hablando a la gente que había recibido la gracia de Dios, cuando él dijo, *"Porque el pecado no tendrá dominio sobre vosotros, pues no estáis bajo la ley sino bajo la gracia"* (Romanos 6:14). Existe una relación directa entre Romanos y Gálatas referente a este asunto. Gálatas 5:18 dice, *"Pero si sois guiados por el Espíritu, no estáis bajo la ley"*. Debes notar que la ley y la gracia son mutuamente exclusivas. Si tú estás bajo la ley, no estás bajo la gracia. Si tú estás bajo la gracia, no estás bajo la ley.

Pablo dijo que el pecado no va a tener dominio sobre de ti, debido a que no te encuentras bajo la ley. ¿Cuál es la implicación de esto? Si tú estás bajo la ley, el pecado *tiene* dominio sobre de ti. ¿Puedes darte cuenta de esto? Este es un versículo muy importante. Nos enseña dos cosas. En primer lugar, si tratamos de alcanzar la justicia por medio de la ley, el pecado va a tener dominio sobre nosotros. En segundo lugar, si queremos alcanzar la justicia por medio de la gracia, no podemos alcanzarla bajo la ley.

Vamos a ver ahora el libro de Romanos 8:14 que discutimos en el comienzo del capítulo: *"Porque todos los que son guiados por el Espíritu de Dios, los tales son hijos de Dios"*. ¿Cómo es que podemos medirnos como hijos de Dios? ¿Por medio de un listado de reglas? No. Por medio de ser guiados por el Espíritu Santo. Esta es la única manera en que podemos vivir como hijos crecidos y maduros de Dios.

Del corazón saltan los asuntos de la vida. Cuando la ley de Dios está en tu corazón, tú vives a la manera de Dios.

Para la mayoría de los que profesan ser cristianos, la ley que es este grupo de reglas es como una muleta. Ellos andan cojeando por todo el derredor, apoyándose en ella. Dios dice, "Tira esa muleta y comienza a confiar en Mí". Pero ellos se preguntan a sí mismos, "¿Qué voy a hacer sin mi muleta?" He descubierto que el hecho de confiar en la gracia de Dios y entregarse completamente a ella, asusta a mucha gente.

En su segunda carta a la iglesia de Corinto, Pablo les escribió a los creyentes ahí, diciendo,

> *Siendo manifiesto que sois una carta de Cristo redactada por nosotros, no escrita con tinta, sino con el Espíritu del Dios vivo; no en tablas de piedra, sino en tablas de corazones humanos.* (2 Corintios 3:3)

Proverbios 4:23 dice, "*Con toda diligencia guarda tu corazón, porque de él brotan los manantiales de la vida*". Cuando la ley de Dios está en tu corazón, tú vives a la manera de Dios.

El asunto de la gracia en contra de la ley es tan real para mí, debido a que he luchado a través de esto. He trabajado mucho para llegar a ser más religioso, y me he sentido tan frustrado porque no sabía qué hacer. Pero he aprendido que esta parte del proceso forma al cristiano y nos enseña cómo depender en el Espíritu Santo. Por lo tanto, quiero contarte dos parábolas, que te van a ilustrar lo que significa ser guiado por el Espíritu Santo en una forma más vivida para ti.

Dos parábolas de la ley y la gracia

Rebeca y el sirviente de Abraham

En un capítulo anterior, pudimos hablar brevemente acerca de cómo fue que Abraham envío a su sirviente para encontrar una novia para su hijo Isaac, de entre sus parientes que se encontraban en Mesopotamia. Éste fue un evento histórico, pero también es una parábola para nosotros. De nuevo, Abraham es un tipo de Dios el Padre; Isaac es un tipo de Cristo Jesús, el Unigénito Hijo de Dios; y Rebeca, la novia escogida, es un tipo de la iglesia. El otro personaje principal es el sirviente de Abraham o mayordomo, quien es un tipo del Espíritu Santo.

Cuando aprendemos a distinguir la gracia de la ley, esto nos enseña a depender en el Espíritu Santo.

El mayordomo sale tomando diez camellos con todo el equipo necesario, y cargados con regalos, debido a que va a escoger una novia. En el Medio Oriente, cada vez que tú tomas una decisión de mucha importancia y comienzas una relación, tú siempre tienes que dar un regalo. Y si tú recibes este tipo de regalo, tú has recibido a la persona misma. Si tú rechazas el regalo, tú has rechazado a esa persona. El acto de dar ese regalo es un momento absolutamente crítico.

Yo viví en el Medio Oriente, y déjame decirte—que los camellos pueden llevar una carga enorme. Son capaces de poder llevar una cantidad inmensa de equipaje. Y este mayordomo tenía *diez* camellos. El llegó al lugar donde habitaban los parientes de Abraham, se detuvo en un pozo, y oró a Dios, diciendo lo siguiente:

He aquí, estoy de pie junto a la fuente de agua, y las hijas de los hombres de la ciudad salen para sacar agua. Que sea la joven a quien yo diga: "Por favor, baja tu cántaro para que yo beba", y que responda: "Bebe, y también daré de beber a tus camellos", la que tú has designado para tu siervo Isaac; y por ello sabré que has mostrado misericordia a mi señor.

(Génesis 24:13–14)

Debes recordar que un camello puede beber cuarenta galones de agua. Por lo tanto, la cantidad de agua que tu necesitas para diez camellos ¡es aproximadamente cuatrocientos galones de agua!

Si tú rechazas el don, entonces estás rechazando a Aquel que otorga el don.

Bueno, entonces se acerca a Rebeca, y el mayordomo le dice, "Por favor, dame un poco de agua para beber". Y ella le contesta, "Claro que sí. Y también voy a traer agua para tus camellos". Déjame decirte, ¡este es un ejemplo de que la fe si funciona! El mayordomo se dijo a sí mismo, *Esta es la muchacha.* El sacó joyería muy hermosa y se la regaló a ella. En el momento en que ella se puso la joyería, esto la marcó a ella como la novia escogida. ¿Qué hubiera sucedido si ella hubiera rechazado las joyas? Ella nunca se hubiera convertido en la novia. (Véase los versículos 15–22).

Cuando el sirviente de Abraham estaba listo para regresar a casa, la familia de Rebeca le preguntó a ella,

> *Entonces llamaron a Rebeca, y le dijeron: ¿Te irás con este hombre? Y ella dijo: Me iré.…Y se levantó Rebeca con sus doncellas y, montadas en los camellos, siguieron al hombre. El siervo, pues, tomó a Rebeca y partió.* (Génesis 24:58, 61)

Yo quiero señalarte el hecho de que Rebeca nunca tuvo un mapa. Ella nunca había estado en el lugar hacia donde se dirigía. Ella nunca había visto al hombre con quien se iba a casar, y tampoco jamás había visto a su padre. Ella sólo tenía una sola fuente de información, que era el mayordomo. Él era su guía, y ella confiaba en que él la iba a llevar hacia su novio.

Escogiendo entre el mapa y el Guía

La segunda parábola tiene que ver con un hombre joven que necesita encontrar el camino hacia un destino distante, en un país donde él nunca ha viajado antes. Él tiene dos opciones. Él puede llevar un mapa o puede tener un guía personal. El mapa es la ley. Es perfecto. Cada detalle es exactamente correcto. Cada punto y cada detalle en la geografía ha sido marcado correctamente. El Guía personal es el Espíritu Santo.

Este hombre se acaba de graduar de la universidad. Él es fuerte, muy inteligente, y bastante autosuficiente. Dios le pregunta, "¿Qué es lo que quieres hacer, quieres usar el mapa o el guía?" El hombre contesta, "Soy muy bueno leyendo mapas, y por lo tanto, escogeré el mapa". Él escoge el camino, sabiendo la dirección correcta hacia donde se tiene que dirigir. El sol está brillando, los pájaros estaban cantando, y él se siente muy contento. Él dice, "Esto es algo sumamente fácil".

Cerca de tres días más tarde, se encuentra en medio de una jungla, es media noche, está lloviendo muy fuerte, y él está al borde de un precipicio. Él no sabe si está dando la cara al norte, al sur, al este, o al oeste. Entonces, una voz muy apacible le dice, "¿Puedo ayudarte?" Y él le contesta, "¡Oh Espíritu Santo! ¡Necesito Tu ayuda!" El Espíritu Santo le dice, "Dame tu mano y te sacaré de esto". Un momento más tarde, ellos están afuera de este problema, de regreso en el camino, caminando lado a lado.

El Espíritu Santo conoce el camino, debido a que Él es el Creador del mapa.

Entonces, algo se le ocurre a este hombre joven, y piensa, *Yo fui muy tonto en estar tan asustado, sólo por el hecho de encontrarme en esa jungla. Yo podía haber salido de eso por mí mismo y sin ninguna ayuda.* Por lo tanto, él se voltea y dice, "Yo lo puedo hacer sólo y sin ayuda alguna". Él ha perdido de vista al Guía, y por lo tanto, sigue su camino. Cerca de dos días más tarde, él se encuentra en medio de un pantano, y cada paso que da, se hunde un poco más profundo. Él no sabe qué hacer, pero piensa dentro de sí mismo, *Creo que puedo pedir ayuda otra vez. La última vez que la recibí, yo no actué correctamente.* Pero el Espíritu Santo dice en ese momento, "Permíteme ayudarte". Nuevamente, ellos salen al camino y se dirigen en la dirección correcta.

¿Cuándo vamos a comenzar a vivir por la gracia, en lugar de vivir por la ley, para poder permitir que el Espíritu Santo nos guíe?

Han avanzado bastante, y de repente, este hombre joven piensa dentro de sí, *todavía tengo el mapa.* El saca el mapa y le dice al Espíritu Santo, "Tal vez te gustaría usar este mapa". El Espíritu Santo le contesta, "Gracias, pero yo conozco el camino. No necesito el mapa. De hecho, yo fui el Creador de ese mapa".

La pregunta que surge para ti y para mí es ésta: ¿Cuántas veces más vamos a regresar a confiar en nuestra propia sabiduría e inteligencia, y vamos a seguir menospreciando al Espíritu Santo? ¿Cuándo vamos a comenzar a vivir por la gracia y no por la ley, para poder permitir que el Espíritu Santo nos guíe?

Rebeca y este hombre joven que acabamos de leer en estas dos parábolas nos simbolizan a nosotros. Podemos llegar a nuestro destino si decidimos confiar en el Espíritu Santo, que es nuestro Guía. El Espíritu Santo es nuestra fuente de información. Él es el Administrador de nuestra herencia eterna. Él nos va a decir qué es lo que tenemos que esperar que suceda delante de nosotros, y también nos va a dar todo aquello que necesitemos.

Capitulo 7

Sometiéndose al Espíritu Santo

Sometiéndose al Espíritu Santo

Junto con el hecho de poder entender la diferencia que existe entre vivir bajo la ley y vivir bajo la gracia, también necesitamos entender completamente la nueva naturaleza que nos ha sido dada en Cristo Jesús. De esa manera, podemos vivir y caminar en el Espíritu Santo, tal y como es la voluntad de Dios.

Mucha gente que ha sido bautizada en el Espíritu Santo, y que dice que el Espíritu Santo habita en ellos, no se encuentra *viviendo* realmente en el Espíritu. Yo conozco gente que ha sido bautizado en el Espíritu Santo pero que obviamente están viviendo de acuerdo a la carne la mayor parte del tiempo. Ellos pueden ser extremadamente carnales, incómodos, faltos de amor y de fe, así como de muchas otras cualidades que son características del Espíritu Santo. Si somos honestos acerca de esto, todos nos encontramos luchando en diferentes grados con este asunto de la carne en contra del Espíritu. Pero Dios ha provisto la solución para todos nosotros.

Nuestra naturaleza rebelde ya fue ejecutada

Aprendimos en el capítulo anterior que la ley incita nuestra naturaleza carnal, y que necesitamos vivir en la gracia. Pero algunos de nosotros retenemos la mentalidad de que todavía estamos "casados" a la naturaleza carnal, y por lo tanto, se nos hace muy difícil vivir en la plenitud del Espíritu Santo.

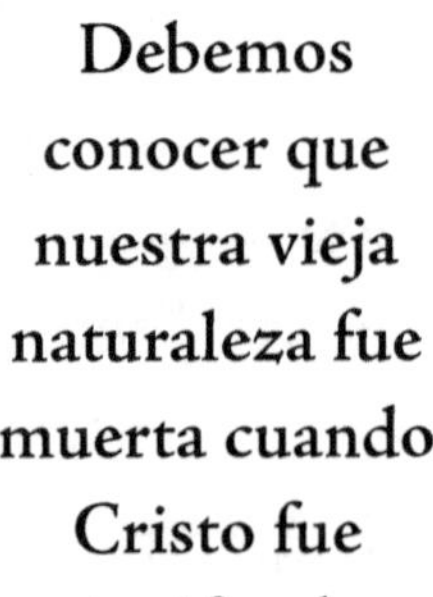

Sabemos que cada uno de nosotros nació con una naturaleza rebelde, o *"nuestro viejo hombre"* (Romanos 6:6), y esta naturaleza es la raíz de nuestros problemas. En la cruz, Jesús, por la voluntad del Padre celestial, tomó en Sí mismo esa naturaleza rebelde, y el viejo hombre, ejecutándolos a ambos consigo mismo. Dios no tiene ningún programa de rehabilitación para el viejo hombre. Él no quiere mandarlo a la iglesia o a la Escuela Dominical. Dios no quiere enseñarle las Escrituras, ni hacerlo religioso. El programa de Dios se resume en una simple palabra:

ejecución. Dios no puede hacer nada con el viejo hombre, excepto matarlo. Nuestra naturaleza rebelde fue ejecutada cuando Cristo murió en la cruz, para que ya no tenga poder alguno para dominarnos o controlarnos.

Este es un hecho histórico, pero no nos beneficia en nada, a menos que lo conozcamos y actuemos basados en ello. El primer requisito es conocerlo. Yo he podido encontrar que esto no se enseña muy frecuentemente, y que los cristianos no entran a vivir aquellas cosas que no conocen. Por lo tanto, el primer requisito es conocer esto verdaderamente y saber que es lo que sucedió con respecto a la vieja naturaleza cuando Cristo murió en la cruz: definitivamente fue puesta a muerte.

Dios perdona nuestros actos pecaminosos del pasado cuando nos acercamos a Él en Cristo Jesús, pero esto es solamente el principio. Él trata con la naturaleza rebelde, y Él trae una nueva naturaleza para reemplazarla, la cual es llamada el nuevo hombre. De hecho, ésta es realmente la naturaleza de Cristo Jesús reproducida en nosotros por medio de la fe, a partir de la semilla de la Palabra de Dios. El agente que produce el nuevo nacimiento es el Espíritu Santo, y el Espíritu Santo ministra a la naturaleza de Cristo que se encuentra nosotros.

En Romanos, Pablo dijo,

> *¿Qué diremos, entonces? ¿Continuaremos en pecado para que la gracia abunde? ¡De ningún modo! Nosotros, que hemos muerto al pecado, ¿cómo viviremos aún en él?* (Romanos 6:1–2)

Pablo asumió que todo el mundo que estaba viviendo en la gracia de Dios estaba muerto al pecado, y por lo tanto él estaba diciendo, "Si tú sigues viviendo en pecado, tú te estás contradiciendo a ti mismo. Si tú estás muerto para el pecado, tú no deberías hablar acerca de vivir en pecado".

Después de que Cristo murió en la cruz, Él no se levantó a Sí mismo de entre los muertos. Él confió en el Padre celestial para que lo levantara a la hora señalada, a través del Espíritu Santo. Si el Padre celestial no lo hubiera levantado de entre los muertos, Él hubiera permanecido muerto. De la misma manera, tenemos que confiar en Dios para que nos levante de la muerte de nuestros pecados. No podemos hacerlo por nosotros mismos. Tenemos que depender del Espíritu Santo para esto, tanto como Jesús dependió para la resurrección física de Su cuerpo. De hecho, este es el testimonio público que mostramos cuando somos bautizados en agua: "Estoy siendo sepultado, y depende de Dios resucitarme. Cuando yo salga de esta tumba de agua, voy a salir diciendo, que estoy dependiendo en el Espíritu Santo, tanto como Jesús dependió en el Espíritu Santo para que lo levantara a una nueva vida".

> *Por tanto, hemos sido sepultados con El por medio del bautismo para muerte, a fin de que como Cristo resucitó de entre los muertos por la gloria del Padre, así también nosotros andemos en novedad de vida. Porque si hemos sido unidos a El en la semejanza de su muerte, ciertamente lo seremos también en la semejanza de su resurrección.* (Romanos 6:4–5)

Sólo el Espíritu Santo nos puede capacitar para que reaccionemos adecuadamente al evangelio. Sin el Espíritu Santo, no podemos hacerlo. Pero cuando recibimos el Espíritu Santo, y vivimos en el Espíritu, entonces, los estándares que parecían imposibles de obtener en la Biblia, comienzan a convertirse en una realidad espontánea.

Pablo escribió, "*Mas vosotros no vivís según la carne, sino según el Espíritu, si es que el Espíritu de Dios mora en vosotros*" (Romanos 8:9 RVR). Te voy a decir lo que yo creo que este versículo nos está diciendo. La frase griega traducida "*si es*" está estableciendo una condición. La misma palabra se usa en Romanos 8:17 que dice, "*si es que padecemos juntamente con él*" (RVR). Te voy a dar la versión de la "Biblia de Prince" con relación al versículo nueve. Esta es la manera como yo lo he traducido: "Pero ustedes no están en la carne, sino en el Espíritu, *siempre y cuando* que el Espíritu de Dios habite en ustedes". Mucha gente tiene al Espíritu de Dios habitando en algunas áreas de su vida, pero no en otras. Por lo tanto, "siempre y cuando" el Espíritu de Dios habite en ti, tú no estás en la carne, sino en el Espíritu.

Cuando tú vives en el Espíritu Santo, los estándares de la Biblia que parecían imposibles de alcanzar, se convierten en una realidad.

De nuevo, muchas gentes que han sido bautizadas en el Espíritu Santo no se encuentran completamente bajo el control del Espíritu Santo. Existen algunas circunstancias, y hay ocasiones cuando (generalmente esto sucede en la iglesia), ellos se encuentran bajo el control del Espíritu Santo, pero también hay otras circunstancias y ocasiones cuando no lo están. Este hecho nos toca el punto clave a muchos de nosotros. Yo no creo en una teología irreal que suene muy bien, pero que no funcione. He descubierto que el Nuevo Testamento si funciona cuando lo entendemos y lo aplicamos. Así que, si tú has recibido el Espíritu Santo, siempre y cuando tú te rindas al Espíritu Santo y le permitas que habite en cada área de tu vida, en esa proporción tú no vas a estar en la carne, sino en el Espíritu.

Regresando nuevamente a lo que dice Romanos 6, donde Pablo dijo,

> *Sabiendo esto, que nuestro viejo hombre fue crucificado con El, para que nuestro cuerpo de pecado fuera destruido, a fin de que ya no seamos esclavos del pecado.* (Romanos 6:6)

"Nuestro viejo hombre fue crucificado con El". Esto se encuentra en el tiempo pasado simple, y no en el tiempo presente. Eso significa un evento histórico que se llevó a cabo en cierto momento del pasado. Cuando Jesús murió en la cruz, nuestro viejo hombre murió con Él. Esto sucedió hace veinte siglos. ¿Por qué es que esto fue realizado? *"Para que nuestro cuerpo de pecado fuera destruido"*. Una mejor forma de decir esto tal vez sería, "Que se rindiera

completamente", o "Que ella nunca más pudiera controlarnos y dominarnos" de tal manera que *"ya no seamos esclavos del pecado"* (Romanos 6:6).

Probablemente el 95 por ciente de los cristianos no sabe que su vieja naturaleza ya fue crucificada. Pero cuando tú llegas a saber esto, tú puedes apropiarte la provisión de Dios. Debido a que se trató con nuestro pecado a través de Cristo en la cruz, ahora es posible *"que el requisito de la ley se cumpliera en nosotros, que no andamos conforme a la carne, sino conforme al Espíritu"* (Romanos 8:4). Pablo nos motiva diciendo lo siguiente,

> *Así también vosotros* [exactamente de la misma forma], *consideraos muertos para el pecado* [no sólo en teoría, sino de hecho], *pero vivos para Dios en Cristo Jesús.* (Romanos 6:11)

Él estaba diciendo, "Exactamente como Cristo murió en la cruz, fue sepultado, y se levantó de entre los muertos, para nunca morir otra vez, sino viviendo por siempre para Dios, de esta manera tienes que considerar que verdaderamente has muerto al pecado y sólo has venido a vivir para Dios". Es imposible vivir en la plenitud de vida del Espíritu Santo que Pablo describió en el capítulo ocho de Romanos, sino hasta que tú hayas adquirido la verdad del capítulo seis de Romanos. La vieja naturaleza rebelde de Adán no puede vivir de acuerdo al Espíritu. En el comienzo de Romanos 8, Pablo enfatizó claramente esto:

> *Porque los que viven conforme a la carne, ponen la mente en las cosas de la carne, pero los que*

> *viven conforme al Espíritu, en las cosas del Espíritu. Porque la mente puesta en la carne es muerte* [tener la mentalidad de la carne—las reacciones, razonamiento, pensamiento, y motivaciones de la carne], *pero la mente puesta en el Espíritu* [pensar en la forma que el Espíritu Santo piensa] *es vida y paz; ya que la mente puesta en la carne es enemiga de Dios, porque no se sujeta a la ley de Dios, pues ni siquiera puede hacerlo, y los que están en la carne no pueden agradar a Dios.* (Romanos 8:5–8)

Es *imposible* que la vieja naturaleza pueda agradar a Dios. Por lo tanto, esto tiene que tratarse antes de que podamos vivir y agradar a Dios. La provisión de Dios para la vieja naturaleza de Adán es la cruz y la muerte de Jesús. Debemos entender esto completamente.

Debes rehusar aceptar el dominio del pecado sobre ti

Regresando lo que dice en Romanos 6, venimos a los resultados de reconocernos a nosotros mismos muertos para el pecado:

> *Por tanto, no reine el pecado en vuestro cuerpo mortal para que no obedezcáis sus lujurias; ni presentéis los miembros de vuestro cuerpo al pecado como instrumentos de iniquidad, sino presentaos vosotros mismos a Dios como vivos de entre los muertos, y vuestros miembros a Dios como instrumentos de justicia.* (Romanos 6:12–13)

Debes rehusar el dominio del pecado sobre ti, y sobre los miembros de tu cuerpo físico, pero debes rendirte completamente—tu voluntad y tus miembros—ante Dios el Espíritu Santo. Esto te lleva a la seguridad total de que,

Porque el pecado no tendrá dominio sobre vosotros, pues no estáis bajo la ley sino bajo la gracia.
(Romanos 6:14)

¿Acaso crees en esto? Si no lo crees, no lo vas a poder experimentar. Si tú crees que tú vas a seguir pecando, definitivamente tú vas a continuar pecando. Debido a que es algo que se apropia por fe. "*El pecado no tendrá dominio sobre vosotros*". Tú tienes que creerlo. Si tú no lo crees, no va a suceder. Debes notar cómo la segunda parte del versículo va junto con la primera parte:

...pues no estáis bajo la ley sino bajo la gracia.
(versículo 14)

Si tú vas a caminar en el Espíritu Santo, tú no puedes caminar en la carne. Si tú caminas en la carne, tú no puedes ser guiado por el Espíritu Santo. Existe una incompatibilidad total. Cada persona tiene que llegar al punto de tomar una decisión personal muy firme: ¿Adónde es que pertenezco? ¿A la carne o al Espíritu?

Rendirse al Espíritu Santo y ser guiado por Él es la forma para poder escapar de la esclavitud del pecado. Déjame ponerlo de esta manera: ¿De que te beneficia tener todos tus pecados pasados perdonados, si todavía te encuentras controlado por la naturaleza rebelde? Lo único que haces, es que vas y cometes los mismos actos pecaminosos una y otra vez. Pero ya no estamos viviendo en la vieja naturaleza carnal; puesto que tenemos una nueva naturaleza provista por el Espíritu Santo.

> *Así que, hermanos, somos deudores, no a la carne* [no le debemos nada a la carne. Nunca llegamos obtener nada bueno de ella, así que debemos dejar de cultivarla, y al contrario, debemos cultivar la nueva naturaleza], *para vivir conforme a la carne, porque si vivís conforme a la carne, habréis de morir; pero si por el Espíritu* [ustedes que son creyentes bautizados con el Espíritu Santo] *hacéis morir las obras de la carne, viviréis.*
>
> (Romanos 8:12–13)

Nuestro problema es que leemos las epístolas como si fueran escritas para los incrédulos. Cuando Pablo dijo, *"No os dejéis engañar, de Dios nadie se burla; pues todo lo que el hombre siembre, eso también segará"* (Gálatas 6:7), y él no le estaba hablando a los incrédulos sino a los creyentes. En Gálatas 6:8, Pablo escribió, *"Porque el que siembra para su propia carne, de la carne segará corrupción, pero el que siembra para el Espíritu, del Espíritu segará vida eterna"*. En Romanos 8:13, él dijo, *"Porque si vivís conforme a la carne, habréis de morir; pero si por el Espíritu hacéis morir las obras de la carne, viviréis"*. Si tú en forma voluntaria y deliberada te regresas a la vieja naturaleza rebelde que nunca fue regenerada, tú morirás.

Porque si vivís conforme a la carne, habréis de morir; pero si por el Espíritu hacéis morir las obras de la carne, viviréis. (Romanos 8:13)

El Espíritu Santo te ayudará, si tú pones tu voluntad para hacerlo. Pero si no pones tu voluntad para hacerlo, el Espíritu Santo no puede hacerlo por ti.

En latín, la palabra para carácter es el plural de la palabra usada para hábito. Esto es algo muy iluminador. Tu carácter es la suma total de tus hábitos, y tus hábitos son producidos por la suma total de tus decisiones. Cada vez que tú tomas la decisión correcta, tú estás fortaleciendo un hábito correcto. Cada vez que tú fortaleces un hábito correcto, tú estás edificando el carácter correcto. Cada vez que tú tomas una decisión equivocada, tú estás edificando un hábito equivocado, y como resultado de ese hábito equivocado, tú estás edificando el carácter equivocado.

Cada vez que tú tomas la decisión correcta, tú fortaleces un hábito correcto, y edificas el carácter adecuado.

Por lo tanto, tú tienes que edificar los hábitos a través de tomar decisiones. Cada vez que tú haces una decisión para hacer algo malo, tú te conviertes más y más en el esclavo del pecado; cada vez que tú tomas una decisión para hacer lo correcto, tú te conviertes más y más en el esclavo de la justicia.

> *¿No sabéis que cuando os presentáis a alguno como esclavos para obedecerle, sois esclavos de aquel a quien obedecéis, ya sea del pecado para muerte, o de la obediencia para justicia?* (Romanos 6:16)

Cuando tú cometes un acto pecaminoso, te estás sometiendo al pecado; sí te sometes al pecado, te conviertes en esclavo del pecado y no puedes parar de pecar. Sin embargo, si tú te rindes a la justicia, te conviertes en esclavo de la justicia, y vas a hacer solo aquello que es justo. Tú debes estar en una categoría o en la otra. Josué 24:15 dice esto tan claro como jamás pudo haber sido dicho: "*Escoged hoy a quién habéis de servir*". La decisión no consiste si acaso vas a servir o no, consiste en *a quién* vas a servir. Tú vas a servir a alguien, y sólo tienes dos opciones: Dios o el diablo; la justicia o el pecado.

> *Porque todos los que son guiados* [en forma regular] *por el Espíritu de Dios, los tales son hijos de Dios.* (Romanos 8:14)

Para *poder convertirte* en un hijo de Dios, tú tienes que nacer de nuevo. Para *recibir el poder de Dios*, a fin de convertirte en un testigo efectivo, tú tienes que ser bautizado en el Espíritu Santo. Pero para vivir como un hijo de Dios, tú tienes que ser guiado diariamente por el Espíritu Santo.

Algunos enseñan que tienes que ser super espiritual primero, y que entonces, un día podrás emerger como un hijo de Dios. Pero esta idea está en conflicto directo con lo que dice Romanos 8:14, que todos los que son guiados regularmente por el Espíritu Santo son los hijos de Dios. Tal y como escribí en un capítulo anterior, la palabra aquí no es *niños* sino "*hijos*". Esto implica madurez. Muchos tienen la actitud que dice, "Cuando yo sea perfecto, el Espíritu Santo va a entrar en mí". Esto básicamente solía ser enseñanza pentecostal. Es más bien como si algunos jóvenes estuvieran asistiendo a una universidad, y los profesores se les acercaran diciendo, "Cuando tú te gradúes, entonces comenzaremos a enseñarte". Bueno, una vez que tú te has graduado, ya no necesitas a los profesores. Tú necesitas a los profesores *para poder* graduarte. De la misma manera, ¿cuándo es que tú necesitas al Espíritu Santo? Ahora mismo, a fin de que puedas madurar. El Espíritu Santo no viene aquí debido a que ya eres perfecto; Él viene aquí debido a que tú Lo necesitas.

> *Hablo en términos humanos, por causa de la debilidad de vuestra carne. Porque de la manera que presentasteis vuestros miembros como esclavos a la impureza y a la iniquidad, para iniquidad, así ahora presentad vuestros miembros como esclavos a la justicia, para santificación. Porque cuando erais esclavos del pecado, erais libres en cuanto a la justicia.* [La justicia no tenía ningún control sobre ustedes]. *¿Qué fruto teníais entonces en aquellas cosas de las cuales ahora os avergonzáis? Porque el fin de esas cosas es muerte.* [¡Pero está bien seguro de esto!] *Pero ahora, habiendo sido libertados del pecado y*

hechos siervos de Dios, tenéis por vuestro fruto la santificación, y como resultado la vida eterna.

(Romanos 6:19–22)

Romanos 6 nos ha enseñado que la manera de convertirse en un esclavo de la justicia es practicar lo siguiente:

- *Debes saber que tu vieja naturaleza fue crucificada en Cristo Jesús.* (Véase Romanos 6:6). Si tú no sabes esto, tú no puedes disfrutar la vida del Espíritu Santo. El más grande enemigo es la ignorancia. Si tú no sabes lo que la Escritura enseña, si tú no sabes lo que Cristo ha hecho por ti, y si tú no sabes la provisión que Dios tiene para ti, entonces tú no puedes entrar en esta plenitud.

- *Debes reconocerte a ti mismo como muerto al pecado.* (Véase Romanos 6:11). Tú tienes que creerlo. Tú tienes que declararlo, diciendo, "Esto es lo que Dios dice, y yo considero que esto es verdadero en mí y para mí". Reconocer por fe significa que Dios lo dice y yo lo creo.

- *Debes confesar o hacer pública tu fe.* (Véase Romanos 6:3–4). Tú no puedes ser un creyente secreto en Cristo Jesús. El bautismo en agua es el acto exterior que muestra tu confesión de la posición que tienes en Cristo Jesús. ¿Cuándo estás siendo sepultado? Cuando te mueres. ¿Cuándo es que tú dejas de estar sepultado? Cuando has resucitado; cuando tú has vuelto a vivir nuevamente.

- *No cedas ante el pecado.* (Véase Romanos 6:12–13). Una de las cosas esenciales para poder vivir una vida llena del Espíritu Santo es aprender como decir no y mantenerse firme en ello. El diablo sabe cuando tú estás firme y cuando no lo estás. El libro de Proverbios dice, "*Hijo mío, si los pecadores te quieren seducir, no consientas*" (Proverbios 1:10). En lenguaje común y corriente dice, "No". Tú tienes que ser capaz de decir no a muchas decisiones y a muchas gentes.

- *Debes rendirte a Dios.* (Véase Romanos 6:13). Diariamente y en forma regular, tú tienes que rendirte al Espíritu Santo y ser guiado por Él.

Jesús nos dio la más maravillosa invitación, seguida por un reto tremendo, con relación a rendirse totalmente a la justicia:

> *Venid a mí, todos los que estáis cansados y cargados, y yo os haré descansar. Tomad mi yugo sobre vosotros y aprended de mí, que soy manso y humilde de corazón, y hallaréis descanso para vuestras almas. Porque mi yugo es fácil y mi carga ligera.*
>
> (Mateo 11:28–30)

Este pasaje sugiere el proceso por medio del cual, nos rendimos al Señor Jesucristo y aprendemos Sus caminos. En primer lugar, debemos soltar nuestras cargas pesadas y tener reposo. Algunas gentes piensan que esto es todo, pero hay mucho más involucrado en esto. Debemos convertirnos en discípulos por medio de tomar el yugo de Cristo y aprender de Él. Después, debemos seguir el ejemplo de Jesús de ser manso y humilde de corazón, porque Dios les enseña a los mansos y humildes, pero resiste a los soberbios. Entonces, y sólo entonces es que encontraremos el verdadero reposo—cuando hayamos tomado el yugo de Jesús y que nos hayamos convertido en personas mansas, humildes, y dispuestos para recibir la enseñanza. *"Porque mi yugo es fácil y mi carga ligera"*.

El Espíritu Santo no viene a ti debido a que tú seas perfecto, sino debido a que lo necesitas.

La salvación no significa deshacerse de todos los yugos. Es un intercambio de yugos. Tú te quitas el yugo del diablo, pero te pones el yugo del Señor Jesucristo. No trates de vivir sin yugo alguno, porque no podrás hacerlo. No podemos decir, "Yo no quiero servir al diablo, pero no tengo intenciones de servir a Dios", porque terminaremos sirviendo al diablo el doble de lo que lo hacíamos antes.

No es en lucha, sino en unión

Yo creo que éste es un modelo escritural simple para pasar de la muerte a la vida, para pasar del dominio de la vieja naturaleza y de la ley, hacia la novedad de vida en Cristo Jesús y en el Espíritu Santo. Debemos rendirnos al Espíritu Santo y a la justicia.

Por lo tanto, la manera de Dios para alcanzar justicia y santidad, no es luchando, sino *rindiéndose*. Tú debes terminar con todos tus esfuerzos y decir, "Espíritu Santo, toma todo el control sobre mi. Yo no puedo manejar esta situación, pero Tú sí puedes". No significa que tú no vas a necesitar el poder de tu voluntad. Significa que vas a usar el poder de tu voluntad en forma diferente; tú vas a tener que usarlo, pero *no para tratar* de hacer las cosas por ti mismo.

Yo soy una persona muy independiente y de convicciones muy firmes. Mi instinto natural consiste en pensar en una solución cada vez que tengo un problema. Me ha tomado muchos años poder llegar al lugar donde ya no tengo que hacer esto. Ahora, yo digo, "Señor Jesús, ¿cuál es Tu solución?" Muy frecuentemente, es muy diferente de cualquier cosa que yo hubiera pensado antes. La vida cristiana no es una vida de luchas; es una vida de rendición al Espíritu Santo que vive dentro de nosotros. Luego entonces, no consiste en esfuerzo, sino en *unión*.

La naturaleza regenerada no necesita luchar para producir justicia. Todo lo que tiene que hacer es unirse con Cristo Jesús.

Hablamos acerca de este concepto de la unión en el capítulo anterior. La pregunta es, ¿Con quién estás casando? Si tú estás casado a tu naturaleza carnal, tu vas a dar los frutos de la carne. Tu puedes no estar de acuerdo con este hecho tanto como tu quieras, pero es una ley biológica. No importa que tanto lucha la vieja naturaleza, siempre va a seguir produciendo pecado. Sin embargo, si por el Espíritu Santo, tú eres unido con el Cristo resucitado, a través de esta unión, tú vas a dar el fruto del Espíritu Santo. La unión del espíritu regenerado con el Cristo resucitado, por el Espíritu Santo, produce los frutos de la justicia. La naturaleza regenerada no necesita luchar para producir justicia. Todo lo que tiene que hacer es unirse con Cristo. Por lo tanto, ésta es una vida de rendición, y no de lucha; de unión, y no de esfuerzo.

La analogía de la vid y de las ramas que se encuentra en Juan 15 nos ayuda a entender mucho mejor este tipo de vida. Jesús dijo a Sus discípulos,

> *Yo soy la vid verdadera, y mi Padre es el labrador.*
> (Juan 15:1 RVR)

Las vides son plantas que dan fruto, y que necesitan ser podadas muy cuidadosamente. Si tú no podas la vid en el tiempo correcto en que debes hacerlo durante el año, y de la manera correcta, entonces cesará de dar uvas. Por lo tanto, Jesús estaba diciendo, "Yo soy la vid, y Mi Padre es Él que realiza la poda". Jesús continuó diciendo,

> *Permaneced en mí, y yo en vosotros. Como el sarmiento no puede dar fruto por sí mismo si no permanece*

en la vid, así tampoco vosotros si no permanecéis en mí. Yo soy la vid, vosotros los sarmientos; el que permanece en mí y yo en él, ése da mucho fruto, porque separados de mí nada podéis hacer. (Juan 15:4–5)

Una rama no realiza una gran cantidad de esfuerzo para poder dar uvas. No tiene que hacer resoluciones para poder decir, "Voy a tratar de dar fruto". Al contrario, se encuentra unida con el tronco de la vid. La misma vida que se encuentra en el tronco, fluye a través de las ramas por medio de la savia, y la vida que se encuentra en las ramas forma el fruto adecuado. Jesús dijo, '*Yo soy la vid, y vosotros los sarmientos*'. Si ustedes permanecen en una relación conmigo, en Mí, unidos a Mí, entonces, darán mucho fruto".

Jesús también nos dio una advertencia que es muy importante. Él dijo que debemos esperar ser podados. "*Todo sarmiento que en mí no da fruto, lo* [el Padre celestial] *quita; y todo el que da fruto, lo poda para que dé más fruto*" (Juan 15:2). Algunos cristianos tienen problemas porque ellos no están dando mucho fruto. Ellos luchan con situaciones que son el resultado de sus malas acciones o decisiones. Sin embargo, otros cristianos experimentan problemas debido a que *están llevando* fruto. Estos problemas son en realidad la poda espiritual. Si alguna vez has tenido la oportunidad de ver una vid siendo podada, el proceso es despiadado e implacable. Las ramas se cortan casi hasta llegar a su inicio, donde se encuentra el tallo. Tú tal vez podrías pensar que esa vid nunca va a poder dar fruto jamás. Pero el año siguiente da mucho más fruto que antes.

Debes notar que esta imagen tan hermosa de las tres personas de la Trinidad emerge en este pasaje de las Escrituras, que trata acerca de la vid y de las ramas. El Padre celestial es el labrador, Jesús es la vid, y el Espíritu Santo es la savia que fluye a través de la vid, y hacia las ramas. Esta vida del Espíritu Santo es lo que produce el fruto. No es el fruto de nuestros mejores esfuerzos, y no es el fruto de la religión, sino el fruto del Espíritu Santo.

No existe ninguna versión instantánea de la vida victoriosa—es un proceso completo.

Cuando el Padre celestial nos está podando, no debemos rendirnos en medio de este proceso. No debemos decir, "¿Por qué es que ésto me está sucediendo? He tratado muy sinceramente de servir al Señor. Realmente estoy haciendo mi mejor esfuerzo, y he hecho esto, y aquello, y todo lo demás". Hemos estado dando fruto, y ahora es el tiempo en que debemos ser podados. Durante estos tiempos, necesitamos respirar un suspiro de alivio y adorar a Dios. Esto es una buena señal.

El punto principal que quiero enfatizar es que llevar fruto del Espíritu Santo no tiene que ser un esfuerzo. Todos nuestros esfuerzos no lograrían hacerlo, igual que ningún esfuerzo podría producir una sola uva en mil años. Es solamente a través de la unión con la vid que esto se puede lograr. Muchas gentes quieren la vida sobrecogedora del Espíritu Santo, pero no se dan cuenta que no existe ninguna versión que sea instantánea. La vida victoriosa, llena con la plenitud del Espíritu Santo se logra por medio de llegar al proceso de Dios.

Nosotros nos rendimos, y Dios completa la obra

Ahora venimos al hecho de que cuando estamos alineados con la voluntad de Dios, cuando estamos caminando de acuerdo a Sus propósitos, todo lo que experimentamos obra para bien, y Dios cumple Sus propósitos en nosotros. Existe un canto muy hermoso que dice, "Mi Padre celestial lo planeó todo". Y esto realmente es la verdad para todos aquellos que están caminando en armonía con el Espíritu de Dios. Cada situación, cada experiencia, está obrando los propósitos perfectos y eternos de Dios para nosotros. "*Y sabemos que para los que aman a Dios, todas las cosas cooperan para bien, esto es, para los que son llamados conforme a su propósito*" (Romanos 8:28). Debes notar el requisito de calificación que se encuentra aquí: debemos estar alineados con el propósito de Dios.

Pablo describió a los creyentes romanos como "*amados de Dios, llamados a ser santos*" (Romanos 1:7). La palabra *santos* simplemente significa "santo o apartado". La palabra "*ser*" fue añadida por los traductores. En el idioma griego original dice literalmente, "llamados santos". La santidad no es algún tipo de requisito extra que sólo pocos creyentes pueden obtener; es algo que se espera de todos los creyentes. Pablo no concebía alguna clase súper especial de creyentes que viajan en un avión en un plano mucho más alto, el cual no se encuentra disponible para el resto de nosotros. Pablo asumió que todos los creyentes iban a ser santos.

Cada situación obra en nosotros los propósitos eternos y perfectos de Dios.

Cuando tú aceptas la invitación del evangelio para poner tu fe en Cristo Jesús, Dios te denomina como santo. Tú eres alguien que ha sido apartado, y que está listo para rendirse al Espíritu Santo y a la justicia. Tu podrás mirarte a ti mismo y decir, "Bueno, no parezco ser muy santo", pero debes recordar que Pablo también dijo que Dios *"llama las cosas que no son, como si fueran"* (Romanos 4:17 RVR). Dios llamó a Abraham, padre de muchas naciones, aún mucho antes de que él tuviera un hijo. (Véase Génesis 17:4–5). Cuando Dios llama o declara algo, esto es debido a que Él te va a hacer o a convertir en algo. Cuando Dios te llama santo, tú eres santo, debido a que Él ya te denomino o declaró santo. Tal vez se lleve algún tiempo obrar esto en tu vida, pero éste es Su decreto divino sobre ti.

Cuando recibimos a Cristo Jesús, Él ha vertido la totalidad de Su vida en el Espíritu Santo que entró a nosotros.

Él nos da todo aquello que necesitamos para poder vivir una vida en el Espíritu Santo y ser santos. Por ejemplo, Romanos 5:5 dice, *"Porque el amor de Dios ha sido derramado en nuestros corazones por medio del Espíritu Santo que nos fue dado"*. El tiempo perfecto en el idioma griego es el que encontramos siendo usado en este versículo, lo cual denota una acción que ya fue completada y que nunca jamás tiene que ser repetida. Es vital que podamos entender esto. *"Porque el amor de Dios* ***ha sido derramado*** *en nuestros corazones por medio del Espíritu Santo* ***que nos fue dado****"*. De hecho, una vez que tú eres bautizado en el Espíritu Santo, tú nunca deberías orar nuevamente pidiendo amor, sino que deberías alcanzar esa fuente inagotable que tienes dentro de ti. Esta es la respuesta escritural correcta. El amor de Dios—no sólo parte del amor de Dios, sino el amor de Dios en su totalidad—ha sido derramado dentro de nuestro corazón, por medio del don del Espíritu Santo. Todo el amor divino se encuentra disponible para nosotros. Pero si no tratamos de alcanzarlo, no lo vamos a poder experimentar.

Lo mismo puede ser aplicado al lugar que ocupa el Espíritu Santo en nuestra vida de oración. Justo antes de que Pablo hablara acerca de todas estas cosas obrando para nuestro bien, él también dijo,

> *Y de la misma manera, también el Espíritu nos ayuda en nuestra debilidad; porque no sabemos orar como debiéramos, pero el Espíritu mismo intercede por nosotros con gemidos indecibles; y aquel que escudriña los corazones sabe cuál es el sentir del*

Espíritu, porque El intercede por los santos conforme a la voluntad de Dios. (Romanos 8:26–27)

Mencioné anteriormente que este pasaje trata con el hecho de que todos tenemos una enfermedad, una debilidad. Esto es algo muy común para toda la raza humana. No se trata de una enfermedad física; se trata de que todos nosotros no sabemos orar como debiéramos. Yo nunca he encontrado a alguien que pueda discutir con relación a esta declaración. Cuando hablo con la gente, ellos admiten que no siempre saben cómo orar; e incluso cuando ellos *saben las cosas* por las cuales necesitan orar, ellos *no saben cómo* orar por ellas.

¿Cuál es la respuesta de Dios para nuestra debilidad? El Espíritu Santo. Él viene y nos ayuda en nuestra enfermedad, por medio de tomar control sobre nosotros. Cuando nos rendimos a Él en oración, Él ora a través de nosotros. Y cuando Él ora, es la oración perfecta. Él ora de acuerdo a la mente de Dios, y produce los resultados que Dios desea en la vida de las gentes, por las cuales estamos orando.

Podemos ver esto muy claramente en nuestra experiencia del bautismo en el Espíritu Santo. Cuando hablamos en lenguas, sabemos que no es nuestra mente quien está orando, debido a que no entendemos lo que se está diciendo. Sabemos que el Espíritu Santo está realizando la oración. Lo único que nosotros estamos aportando es el mecanismo, que es el aparato vocal que le permite al Espíritu Santo orar a través de nosotros.

Mi primera esposa tenía una vida de oración única. Nunca he conocido a nadie más que pueda orar exactamente como ella lo hacía. La gente alguna vez le preguntaba, "¿Cuál es el secreto de la oración?" Ella les contestaba, "Yo sólo abro mi boca bien grande, y permito que el Espíritu Santo la llene". Tú puedes hacer lo mismo. Sólo comienza por fe, y permite que el Espíritu Santo tome el control total. Esta es la forma como podemos orar la oración efectiva que viene directamente de la mente de Dios.

Cuando Dios te llama a realizar algo, esto se debe a que Él te va a convertir en eso.

Tú no puedes vivir una vida de oración cristiana en el ámbito natural. Por ejemplo, Efesios 6:18 dice lo siguiente, "*Con toda oración y súplica orad en todo tiempo en el Espíritu, y así, velad con toda perseverancia y súplica por todos los santos*", y 1 Tesalonicenses 5:17 dice, "*Orad sin cesar*". Tú no puedes hacer esto en tus propias fuerzas, o con tus propios recursos. Pero en el Espíritu Santo, ¡tú sí puedes! Pablo nos dio la clave de cómo podemos hacer esto, cuando él escribió, "*No apaguéis el Espíritu*" (1 Tesalonicenses 5:19). Esta es la respuesta. Si tú estás no contristando al Espíritu Santo, pero al contrario, estás viviendo de acuerdo al Espíritu, tú puedes tener una reunión de oración dentro de ti las veinticuatro horas de cada día.

Lo que estoy describiendo es una vida de oración que no se encuentra en el medio ambiente natural, pero que es la voluntad de Dios para nosotros. Cuando aceptamos la ayuda del Espíritu Santo, Él hace que esto se convierta en una realidad. Esta es la razón de que qué yo tengo muchas reservas acerca de darle a la gente todo un listado de reglas para la oración. Algunas veces estamos tan ocupados con las reglas, que dejamos al Espíritu Santo completamente fuera. Tenemos que estar verdaderamente convencidos de la dependencia que necesitamos tener en Él.

En una ocasión yo tuve que usar un estudio bíblico que incluía un estudio acerca de la oración. Contenía veintitrés preguntas, pero ni una sola de ellas se refería al Espíritu Santo. ¡Esto es como haber ido a la universidad sin tener profesor alguno! El punto de vista típicamente cristiano para la oración es tratar de hacer todo por ti mismo. ¡No podemos hacerlo! Tenemos que darle el control de todo al Espíritu Santo, y rendirnos a Él, porque solamente vamos a poder orar verdaderamente de acuerdo a la voluntad de Dios a través del Espíritu Santo.

Permite que el Espíritu Santo viva a través de ti

Por lo tanto, en cada área de la vida cristiana somos incapaces en nuestra propia habilidad natural de hacer lo que Dios requiere. Nuestras inclinaciones naturales son de vivir de acuerdo a la carne, y tratar de hacer las cosas a nuestra manera. Este camino sólo lleva a la debilidad y muerte. La solución de Dios es el Espíritu Santo. Dios nos lleva a lo imposible, y entonces nos dice, "Ahora, deja que el Espíritu Santo lo haga". A medida que nos rindamos y sometamos a Él, Él lo hará.

Capitulo 8

Aprendiendo a escuchar la voz de Dios

Aprendiendo a escuchar la voz de Dios

Tal y como vimos en la parábola del hombre joven en el capítulo anterior, si no permitimos que el Espíritu Santo nos guíe, no podemos escuchar las palabras de consuelo, dirección, y sabiduría que Él desea darnos. Estoy convencido que la más grande necesidad que tenemos en nuestra vida, es dedicar tiempo para estar en la presencia de Dios. Me duele mucho tener que decir que la mayoría de los cristianos no le dan a Dios mucho tiempo—lo cual es una condición por la cual la mayoría de nosotros tenemos que arrepentirnos.

Mi esposa, Ruth, y yo hemos aprendido—y esto es en una escala muy pequeña—a separar un día a la semana para esperar en la presencia de Dios. No tenemos idea alguna de lo que va a suceder. No hacemos ningún plan de cómo proceder; no contamos con ningún tipo de listado de peticiones para orar. Algunas veces comenzamos leyendo la Biblia, y algunas veces no. Pero al final del día, casi siempre nos preguntamos a nosotros mismos, "¿Cómo es que pudimos llegar allá?" No teníamos plan alguno para involucrarnos en aquello que terminamos por hacer al final del día. El Espíritu Santo nos guió en todo ello.

Cuando aprendemos a esperar en Dios, Él nos muestra las barreras que tenemos en nuestra relación con Él, de tal manera que podamos ser liberados de ellas, para amar y servir a Dios mucho mejor. Muchos de ustedes no están donde deberían estar con relación a Dios en este mismo momento. No es mi deseo acusarlos o condenarlos, sino ayudarlos.

Reconociendo el liderazgo de Jesús

En la mayoría del cuerpo de Cristo, existe algo que está fuera de lugar, y que necesita ser corregido para que podamos tomar el tiempo necesario y poder esperar en Dios, y que lleguemos a escuchar lo que Él tiene que decirnos. ¿Qué es lo que se encuentra fuera de lugar? No estamos reconociendo el liderazgo de Cristo Jesús en nuestra vida.

Pablo escribió en el libro de Efesios lo siguiente:

Y todo sometió bajo sus pies, y a El lo dio por cabeza sobre todas las cosas a la iglesia, la cual es su cuerpo, la plenitud de aquel que lo llena todo en todo.

(Efesios 1:22–23)

Pablo escogido un tipo de lenguaje muy interesante en este versículo. Dios *puso* todas las cosas debajo de los pies de Jesús. Todas las cosas fueron sujetas a Jesús. Pero Dios también le *dio* a Jesús la iglesia. Teniendo a Jesús como la Cabeza es la bendición más preciosa y maravillosa que el cuerpo de Cristo jamás podría tener. Y Jesús es la Cabeza sobre todas las cosas. No sólo sobre algunas cosas, y no sólo sobre muchas cosas. Sobre todas las cosas.

¿Podrías tú honestamente decir ante la presencia de Dios, que Jesús es la Cabeza sobre todas las cosas en tu vida? ¿Que no existe nada en tu vida que esté fuera de Su control? ¿Que no existe nada fuera de la voluntad de Dios en ti?

Mas adelante en el libro de Efesios, Pablo escribió,

Sino que hablando la verdad en amor, crezcamos en todos los aspectos en aquel que es la cabeza, es decir, Cristo, de quien todo el cuerpo (estando bien ajustado y unido por la cohesión que las coyunturas proveen), conforme al funcionamiento adecuado de cada miembro, produce el crecimiento del cuerpo para su propia edificación en amor.

(Efesios 4:15–16)

Debes notar que todo el cuerpo depende de la Cabeza. Es solamente a través de la relación que el cuerpo tiene con la Cabeza, que el cuerpo puede recibir nutrición y ser capaz de crecer y funcionar en forma efectiva. Si se rompe la relación con la Cabeza, toda la vida del cuerpo se incapacita automáticamente.

Pablo también dijo lo siguiente, *"Nadie os defraude de vuestro premio"* (Colosenses 2:18). La frase "que nadie os *descalifique*" podría expresar mucho mejor lo que Pablo estaba diciendo aquí. No dejen que ninguna persona los engañe y los defraude, robándoles la herencia que les corresponde de parte de Dios. Este tipo de personas toman placer *"deleitándose en la humillación de sí mismo, hinchados sin causa por su mente carnal"* (versículo 18). Este tipo de personas dicen ser super espirituales pero en realidad personas muy carnales. Están envanecidos en su propia mente de tal manera que se comportan de la siguiente forma, *"Pero no sujetándose a la Cabeza, de la cual todo el cuerpo, nutrido y unido por las coyunturas y ligamentos, crece con un crecimiento que es de Dios"* (versículo 19). La *Nueva Versión Internacional* dice que esta persona *"no se mantienen firmemente unidos a la Cabeza"*.

Cada verdadero creyente tiene una conexión directa con Cristo Jesús, preparada divinamente.

Tan pronto como perdimos contacto con la Cabeza, nos encontramos en peligro de caer en el error, en alguna forma de engaño, algún tipo de falsa enseñanza, cualquier cosa que se encuentra fuera de línea con relación a la verdad de Dios. La única condición para la seguridad del cuerpo en forma colectiva, y para cada creyente en forma individual, que es estar relacionado correctamente a la Cabeza. Todo verdadero creyente tiene una conexión directa, preparada divinamente con Cristo Jesús, y no debe permitir que ninguna otra persona interfiera con esto.

Los pastores son personas maravillosas, pero ellos no pueden reemplazar el lugar que sólo le corresponde a Jesús. La función de un pastor no consiste en ser tu cabeza; sólo consiste en ayudarte a cultivar tu relación con Jesús, quien ya es tu Cabeza. La función de los pastores no consiste en darte las respuestas para todos tus problemas; debe consistir en mostrarte la forma de encontrar las respuestas por ti mismo directamente de Jesús.

Algunas gentes son muy perezosas, y ellos quieren que algún otro ser humano venga a resolver todos sus problemas. No funciona de esta manera. Además de esto, algunos líderes son muy déspotas; ellos sólo quieren tomar el control de la gente. He pasado a través de todo esto, y gracias a Dios, he podido salir de ello. No tengo deseo alguno de volver a estar en todo esto de nuevo. Tú tienes que tener tu propia relación personal con Cristo Jesús. Tu tienes que ser capaz de escucharlo cuando Él te habla. Tu tienes que ser capaz de ser dirigido por Él. Debes tener algo dentro de ti que te pueda decir cuando tú estás agrandando a Jesús y cuando no lo estás agrandando. Tú tienes que ser muy sensible a la Cabeza.

Cuatro funciones de la Cabeza

Ahora quiero discutir contigo cuatro funciones de nuestra cabeza física, y la forma como ellas se relacionan al liderazgo de Jesús como Cabeza del cuerpo de Cristo. Yo no soy lo suficientemente competente como para dar una lección de anatomía, y por lo tanto, estas son solamente perspectivas muy simples y muy prácticas. A medida que revisemos estas cuatro funciones, quiero que consideres tu relación personal con Cristo Jesús, así como la relación que la iglesia tiene hoy en día con su Cabeza, que es Cristo Jesús.

Me parece que nuestra cabeza tiene cuatro funciones principales.

- *Recibir información.* Cada parte del cuerpo tiene el derecho de comunicarse con la cabeza, y la cabeza recibe comunicación continua de todas las partes del cuerpo.
- *Hacer decisiones.* La cabeza decide lo que el cuerpo tiene que hacer.
- *Iniciar una acción.* La palabra clave aquí es *iniciar,* porque quien toma la iniciativa es la cabeza.
- *Coordinar la actividad de los miembros,* los cuales llevan a cabo las decisiones de la cabeza.

El Espíritu Santo es el medio por el cual Jesús, como la Cabeza, se comunica con el cuerpo, dirige al cuerpo, controla al cuerpo, y preserva al cuerpo. Por lo tanto, no estamos hablando solamente acerca de una relación con Jesús, sino también de una relación con el Espíritu Santo. Vamos a revisar algunas Escrituras que tienen que ver con esto.

Jesús dijo, *"Pero cuando El, el Espíritu de verdad, venga, os guiará a toda la verdad"* (Juan 16:13). Debes recordar que Jesús les dijo esto Sus discípulos justo cuando Él estaba a punto de dejarlos, indicándoles, de hecho, "No les puedo decir todo lo que necesitan saber ahora. Pero esto no importa, debido a que el Espíritu de verdad, el Espíritu Santo, ya viene, y Él los va a guiar a toda verdad". Jesús estaba diciendo que desde este momento en adelante, Su relación con nosotros se iba a efectuar a través del Espíritu Santo.

Entonces Jesús continuó diciendo, *"Porque no hablará por su propia cuenta, sino que hablará todo lo que oiga; y os hará saber lo que habrá de venir"* (Juan 16:13). Yo creo que la iglesia debería recibir dirección con relación al futuro—dirección sobrenatural proveniente del Espíritu Santo. No acerca de todas las cosas, pero acerca de ciertas cosas que necesitamos conocer.

El Espíritu Santo es el medio a través del cual Jesús dirige a Su cuerpo, que es la iglesia.

En vista de la situación actual del mundo, el hecho de que la iglesia se adentre en el futuro sin la guía del Espíritu Santo significa dirigirse directamente hacia el desastre. Hemos podido ver solamente muy levemente los problemas y las presiones que están viniendo sobre todo el mundo, y en gran manera, en los Estados Unidos de América. Vamos a necesitar que el Espíritu Santo nos pueda advertir de todo lo que está sucediendo, para que no lleguemos a estar en el lugar equivocado, en el momento equivocado. Una de las oraciones que suelo pedir regularmente es el hecho de siempre estar en el lugar correcto en el momento correcto. Sólo el Espíritu Santo puede hacer esto posible.

Entonces Jesús dijo, "*El* [el Espíritu Santo] *me glorificará, porque tomará de lo mío y os lo hará saber*" (Juan 16:14). Vale la pena volver a anotar esto para poder ser capaces de escuchar lo que Dios nos está diciendo; glorificar a Jesús es una marca distintiva del Espíritu Santo. Muchas cosas de las cuales se han hablado dentro del movimiento carismático como obra del Espíritu Santo, carecen de la marca o requisito de glorificar a Jesús. Todo aquello que exalta a cualquier personalidad humana no viene del Espíritu Santo. Podrá ser espiritual, pero no viene del Espíritu Santo. Todo lo que el Espíritu Santo hace, a final de cuentas, Su objetivo siempre consiste en glorificar a Jesús. Si Jesús no es el personaje principal, el escenario no pertenece al Espíritu Santo.

Rindiéndose ante la voluntad de Dios

Aunque todas las funciones de la cabeza son muy importantes, yo quiero enfocarme brevemente en la cuarta función—el hecho de coordinar la actividad de los miembros, los cuales llevan a cabo las decisiones de la cabeza—con respecto a nuestra relación con Cristo Jesús. Esto trata con el asunto de la iniciativa.

Jesús les dijo a Sus discípulos en Juan 15:16, "*Vosotros no me escogisteis a mí, sino yo os escogí a vosotros*". Ésa declaración es muy clara; no existe duda alguna acerca de esto. Yo no pienso que Jesús se estaba refiriendo a la decisión que tiene que ver con la salvación en este versículo, sino por el contrario, a la decisión que tiene que ver con el apostolado. Él dijo, "Yo los he escogido a ustedes doce".

Jesús continuó diciendo, "*Y os designé para que vayáis y deis fruto, y que vuestro fruto permanezca*" (versículo 16). Yo entiendo de esto, que el único fruto que permanece, procede de de la decisión que uno haga por Dios. Tú puedes tener todo tipo de programas y actividades religiosas, y todo tipo de decisiones en la iglesia, pero si Dios no inició todo esto, no va a haber ningún fruto permanente.

Aventurarse hacia el futuro sin la guía del Espíritu Santo, es dirigirse directamente hacia el desastre.

Jesús también dijo lo siguiente, "*Para que todo lo que pidáis al Padre en mi nombre os lo conceda*" (Juan 15:16). ¿Acaso puedes entender que la habilidad para orar en forma efectiva al Padre celestial tiene que proceder de la voluntad de Dios? Podemos orar todo tipo de oraciones, pero si no proceden de la voluntad de Dios, no podemos tener ninguna seguridad que Él las vaya a contestar. Mi impresión es que Dios está tratando urgentemente con la iglesia en los Estados Unidos de América, para regresarnos al punto donde nos demos cuenta que necesitamos tener una total dependencia en Él.

Por lo tanto, la iniciativa se expresa a través de la decisión, y tal y como yo lo entiendo, sólo en aquellos aspectos de nuestra vida donde Dios se encuentra involucrado, y que ha sido Él quien los ha escogido. Toda ocasión en que arrebatamos la iniciativa de las manos de Dios, estamos apagando y haciendo a un lado el liderazgo de Jesús. Hemos sido demasiado presuntuosos. Que Dios nos perdone a todos nosotros. Básicamente, yo creo que la iglesia va a tener que postrarse sobre su rostro delante de Dios y decir, "Señor Jesús, hemos sido completamente arrogantes. Nos arrepentimos de esto, y te pedimos que nos perdones".

Podemos encontrar un buen ejemplo de una completa dependencia en la voluntad de Dios con relación a las decisiones, en el libro de los Hechos:

> *En la iglesia que estaba en Antioquía había profetas y maestros: Bernabé, Simón llamado Niger, Lucio de Cirene, Manaén, que se había criado con Herodes el tetrarca, y Saulo. Mientras ministraban al Señor y ayunaban, el Espíritu Santo dijo: Apartadme a Bernabé y a Saulo para la obra a la que los he llamado.* (Hechos 13:1–2)

La *Nueva Versión Internacional* dice lo siguiente: *"Mientras ayunaban y participaban en el cuito al Señor"*. Yo leo el griego original en esta manera: "A medida que ellos conducían su ministerio sacerdotal ante el Señor". Ellos podían haber estado adorando, o podían haber estado haciendo cualquier otra cosa. Pero mientras que estaban esperando en el Señor, sin tener ninguna agenda preparada de antemano, el Espíritu Santo dijo, "Esta es Mi agenda".

¿Cuántas veces viene la iglesia delante de Dios con su propia agenda y con sus propios planes, y nunca se detiene a preguntarle a Dios, ni una sola vez, "Cuál es Tu voluntad?" Tú no puedes hacer tus propias decisiones, escribirlas en las minutas de la junta de la iglesia, y después aplicar el nombre de Dios como si fuera un sello de tinta gubernamental, debido a que Dios no es un sello gubernamental. Dios es el Dios Todopoderoso.

El pasaje de la Escritura continúa diciendo, *"Entonces, después de ayunar, orar y haber impuesto las manos sobre ellos, los enviaron"* (Hechos 13:3). ¿De dónde salió la decisión de enviar a Pablo y a Bernabé? Vino directamente de Dios, a través del Espíritu Santo.

Antes de que estos hombres fueran enviados por el Espíritu Santo, existían profetas y maestros. ¿En qué se convirtieron una vez que fueron enviados? En *apóstoles*. Debes notar que ellos son llamados apóstoles dos veces:

> *Pero la multitud de la ciudad estaba dividida, y unos estaban con los judíos y otros con los apóstoles.*
> (Hechos 14:4)

> *Pero cuando lo oyeron los apóstoles Bernabé y Pablo….* (Hechos 14:14)

Un apóstol es alguien que ha sido enviado, y por lo tanto cualquier persona que no ha sido enviada no puede ser un apóstol. En forma muy interesante, aunque la iniciativa procedido de Dios el Padre, por medio de Cristo Jesús el Hijo, y a través del Espíritu Santo, ellos no fueron llamados apóstoles antes de que la iglesia los hubiera enviado. Dios no pasa por alto la iglesia, que tiene la responsabilidad de confirmar ministros.

Cuando Pablo y Bernabé concluyeron esta tarea particular del ministerio, la Escritura dice lo siguiente, "*Y de allí se embarcaron para Antioquía, donde habían sido encomendados a la gracia de Dios para la obra que habían cumplido*" (Hechos 14:26). ¿Cuántos de nosotros en la iglesia actualmente podemos decir que hemos completado la obra para la cual fuimos llamados? ¿No sólo que hemos hecho una parte de ella, sino que hemos completado toda la obra? La explicación para el cumplimiento de su tarea es que la iniciativa había procedido directamente de Dios. Los líderes de la iglesia en Antioquia escucharon y siguieron la decisión de Dios. Cualquier otra cosa no va a producir los mismos resultados.

Teniendo la mente de Cristo

Una parte muy importante de aprender a escuchar la voz de Dios, es entender que la iglesia tiene "*la mente de Cristo*" (1 Corintios 2:16). Pablo, refiriéndose al pasaje que se encuentra en Isaías 40:13–14, escribió lo siguiente: "*Porque ¿quién ha conocido la mente del Señor, para que le instruya? Mas nosotros tenemos la mente de Cristo*" (1 Corintios 2:16). ¿Cuántos de nosotros estamos en la posición de poder instruir al Señor Jesucristo? ¿De poder darle algún tipo de consejo? ¿De poder decirle cómo es que tiene que hacer las cosas? Esta es una pregunta retórica. La respuesta es nadie. Pablo continuó diciendo, "*Mas nosotros tenemos la mente de Cristo*" (versículo 16). Debes notar que la Escritura dice "nosotros", y no dice "yo" tengo la mente de Cristo. La mente de Cristo no se le da a un solo individuo en particular; ha sido dada a todo el cuerpo por medio de la Cabeza. Hasta que los miembros del cuerpo puedan aprender a entender la mente de Cristo conjuntamente, todo esto no va a poder ser descubierto.

¿Acaso tú puedes decir con relación a tu iglesia particular en la comunidad donde te congregas, "Tenemos la mente de Cristo"? ¿Acaso podrías siquiera contemplar esta pregunta? ¿Acaso alguna vez se te ha ocurrido que todos *deberíamos ser capaces* de poder declarar esto?

Esperar en Dios nos transforma

¿Cómo podemos convertirnos en gentes que verdaderamente tengamos la mente de Cristo? Yo creo que existe una respuesta muy simple encerrada en una sola palabra. Es una palabra que no es nada popular entre los cristianos de Estados Unidos, y es la palabra que menos esperamos escuchar: *Esperar*. No es la palabra trabajar, sino la palabra esperar.

En 1 Tesalonicenses, Pablo le estaba escribiendo a algunos de los primeros cristianos. De hecho, esta es probablemente una de las primeras cartas que él escribió a las iglesias. Al comentar acerca del impacto que estaba produciendo el evangelio en Tesalónica, él dijo,

> *Pues ellos mismos cuentan acerca de nosotros, de la acogida que tuvimos por parte de vosotros, y de cómo os convertisteis de los ídolos a Dios para servir al Dios vivo y verdadero, y esperar de los cielos a su Hijo, al cual resucitó de entre los muertos, es decir, a Jesús, quien nos libra de la ira venidera.*
> (1 Tesalonicenses 1:9–10)

Debes notar que ellos "*convertisteis de los ídolos a Dios*" para hacer dos cosas: (1) servir, y (2) esperar. Esta es la totalidad de la vida cristiana. El hecho de servir no es la totalidad de ella. De hecho, la vida cristiana se encuentra incompleta si no está acompañada del acto de poder esperar. Servimos, y esperamos. En más de cincuenta lugares, la Biblia habla acerca de la necesidad que tenemos de esperar en Dios o por Dios. Isaías 64:4 dice esto en una forma muy viva: "*Desde la antiguedad no habían escuchado ni dado oídos, ni el ojo había visto a un Dios fuera de ti que obrara a favor del que esperaba en El*".

En esta descripción del único Dios verdadero, ¿cuál es Su característica distintiva? Él actúa a favor de aquellos que esperan en Él. Si tú quieres que Dios actúe a tu favor, tú tienes que esperar. Tengo una fuerte convicción de que la iglesia nunca va a pasar más allá de donde se encuentra actualmente, hasta que pueda aprender a esperar en Dios.

La totalidad de la vida cristiana puede ser resumida en esto: convertirse a Dios, servir, y esperar.

Conduje una serie de reuniones en una ciudad muy pequeña en Inglaterra llamada Hull. Al final de esta reuniones, llamé a los líderes para que se acercaran a la plataforma, y oré por ellos. Aparentemente, Dios impartió algo a través de esa oración, debido a que cuatro años después de que éstos sucedido, este grupo de líderes que representaban tal vez unas quince iglesias se reunieron para esperar en Dios. Entonces, ellos me invitaron otra vez, y en esta segunda serie de reuniones todo fue completamente diferente de cualquier otra reunión en que yo había ministrado. No consistía en que yo hubiera cambiado. Algo en la atmósfera había cambiado.

Prediqué unos mensajes muy directos acerca de cómo todos aquellos pecados que confesamos son perdonados. Y si no confesamos nuestros pecados, no son perdonados. Dios está listo y esperando para perdonarnos, pero Él ha puesto una condición: "*Si confesamos nuestros pecados, El es fiel y justo para perdonarnos los pecados y para limpiarnos de toda maldad*" (1 Juan 1:9).

Cerca de diez parejas respondieron al mensaje, por medio de acercarse hacia el frente de la iglesia, junto al altar. Sin ninguna emoción y sin manipular los sentimientos, yo le dije a todo este grupo, "Ahora, si tú necesitas confesar pecados, tú puedes confesarlos directamente aquí, delante de Dios. Pero la Biblia también dice, '*Confesaos vuestros pecados unos a otros, y orad unos por otros para que seáis sanados*' (Santiago 5:16). Tú tienes la libertad de acercarte y hacer esto". Ellos estuvieron acercándose por cerca de dos horas, uno por uno, confesando sus pecados. Y algunos de ellos eran líderes muy conocidos en toda esa área.

Yo pude ver esta respuesta como el fruto de la gente que está esperando en Dios. Yo he podido escuchar muchas profecías acerca del avivamiento, y yo mismo he dado algunas. Pero no vamos a tener avivamiento hasta que cumplamos con las condiciones necesarias para ello. Tú puedes profetizar tanto como tu quieras, pero la verdadera barrera para el avivamiento son todos aquellos pecados que no han sido confesados. Hasta que hayas tratado con eso, tú puedes hacer reuniones publicas, y predicar y cantar—pero los resultados van a ser muy desalentadores.

Tú tal vez estés diciendo, "Yo no pienso que tengo ningún pecado que tenga que confesar". Bueno, ¡maravilloso! ¿Pero qué tan cerca te encuentras de Dios? Después de que tú pasas un poco de tiempo esperando ante la presencia de Dios, tú puedes llegar a tener una perspectiva diferente. Estoy compartiendo esto a partir de mi experiencia personal. Yo nunca he sido "un cristiano caído". He servido al Señor por más de cincuenta años, y por la gracia de Dios, he visto un sinnúmero de gente a quien he podido ayudar. Pero cada vez que Ruth y yo veníamos a estar a solas con Dios, sin ningún plan o agenda premeditada, le tomaba a Dios cerca de seis meses para poder limpiar toda la basura en mi vida. Dios me mostraba cosas que yo había hecho, incluso hace treinta años, y decía, "Tú nunca confesaste esto". Y sólo por el hecho de ser una ayuda para humillarnos a nosotros mismos, Ruth y yo confesábamos nuestros pecados el uno al otro. Tú no siempre tienes que hacer esto, pero la Biblia dice que debemos confesar nuestros pecados los unos a los otros.

Pude leer en los escritos de Wesley que en algún lugar en Yorkshire, Inglaterra, una de las más grandes sociedades metodistas había crecido partiendo de un grupo de gente que se dedicaron a reunirse semanalmente sólo para confesar sus faltas unos a otros. Ese no es un plan muy moderno para empezar una iglesia, ¿o acaso sí lo es? Pero después de todo, el movimiento metodista impactó a todo el Reino Unido y a la mayor parte de los Estados Unidos de América por más de un siglo. Por lo tanto, tal vez se puede decir algo positivo con relación a este punto de vista.

Déjame apuntar el hecho de que mucha gente está deseando la sanidad física, pero esto no es la prioridad número uno para Dios. Algunas gentes en esa reuniones en Yorkshire fueron sanados instantáneamente cuando se olvidaron de la sanidad, y determinaron ponerse a corregir todo aquello que fuera necesario delante de Dios. De hecho, el salmista David dice, "Mis pecados se amontonaron sobre mi cabeza y son una carga para mí". (Véase Salmo 32:1–6; 51:1–4). A muchos de ustedes les gustaría hacer sanados, pero ustedes no van a ser sanados, sino hasta que traten con el problema del pecado que existe en su vida.

Dios todavía tiene muy buen oído. Cuando confesamos y nos arrepentimos de nuestros pecados, esto reabre el canal de comunicación con Él.

Isaías 59:1 dice, *"He aquí, no se ha acortado la mano del Señor para salvar; ni se ha endurecido su oído para oír"*. Estamos tan acostumbrados a referir estas palabras solamente para los judíos, que algunas veces nos olvidamos que también se deben aplicar a los gentiles. Dios todavía está escuchando, y Su brazo todavía es muy poderoso. Pero el versículo dos dice lo siguiente, *"Pero vuestras iniquidades han hecho separación entre vosotros y vuestro Dios, y vuestros pecados le han hecho esconder su rostro de vosotros para no escucharos"*. Dios no muestra parcialidad. Es maravilloso poder saber que tenemos el derecho para tener acceso a Dios, a través de la sangre de Cristo, y que esta sangre preciosa de Jesucristo nos limpia completamente. Pero la sangre no limpia a aquellos que no

confiesan. "*Mas si andamos en la luz, como El está en la luz, tenemos comunión los unos con los otros, y la sangre de Jesús su Hijo nos limpia de todo pecado*" (1 Juan 1:7). Existen tres palabras que se encuentran en el tiempo presente continuo en este versículo. Si caminamos *continuamente* en la luz, vamos a tener comunión *continuamente* unos con otros, y la sangre de Jesús nos limpia *continuamente*. Pero todo esto es condicional. La primera palabra en todo esto es *si*. "*Si andamos en la luz*".

Si hemos andado en las tinieblas, y queremos ser limpiados, tenemos que acercarnos a la luz.

Si no estamos en la comunión, no estamos en la luz. Y si no estamos en comunión, la sangre de Cristo no nos está limpiando. La sangre de Cristo jamás nos limpia, mientras que nos encontremos en las tinieblas; sólo nos limpia cuando pasamos a la luz. Si hemos estado en las tinieblas y queremos ser limpios, tenemos que venir a la luz. Mi opinión personal es que la voluntad de Dios nunca se va a realizar en la iglesia de Estados Unidos de América, sino hasta que los líderes de la iglesia tomen el tiempo necesario para esperar en Dios. Estoy diciendo específicamente los *líderes*.

Me gustaría concluir este capítulo con un relato de un amigo mío, quien es un ministro muy conocido llamado Johannes Facius, de la Comunidad Internacional de Intercesores. Él escribió un artículo acerca de algo que sucedió en Australia. Los australianos son gentes muy fuertes y toscos, y yo creo que tú has de estar de acuerdo con esto, y el hecho de que pueda existir una victoria espiritual en Australia, sería un evento asombroso. Y yo creo que este evento está por llegar. Espero que éste relato te anime bastante.

> Hace un par de días regresé de los confines de la tierra, que es Australia, de la reunión más especial de líderes espirituales a la que jamás he asistido en mi vida. Después de esta experiencia yo nunca podré ser el mismo. [Y este es un hombre de un ministerio y experiencia muy maduros].
>
> Noel Bell, del grupo de Intercesores para Australia, y Tom Hallas, líder de YWAM en Australia [yo los conozco a ambos], habían sentido la necesidad de llamar a los pastores, ancianos y líderes de los ministerios en todo Australia a reunirse para buscar el rostro del Señor. La conferencia fue llamada "Los Líderes Buscando a Jesús", y el tiempo de duración era tres semanas. Hacer esto significaba un reto tremendo. ¿Como cualquier persona se podría imaginar que sería posible para todos estos líderes espirituales tan ocupados apartar un tiempo de tres semanas completas? Cuando me di cuenta que más de 100 líderes habían respondido a este llamado, y pude ver que la mayoría de ellos se estuvieron ahí por la totalidad del tiempo, me convencí de que esto tenía que ser una de las siete maravillas

de este mundo. Si alguien hubiera propuesto hacer algo como esto en Europa o en los Estados Unidos, yo me hubiera reído del simple pensamiento. Si podemos congregar líderes aquí por todo un día completo, entonces podemos sentirnos agradecidos. Aparentemente Dios debe tener algo especial en mente con Australia, y a mí no me sorprendería si se realizara un avivamiento espiritual muy poderoso partiendo de Australia y tocando al cuerpo de Cristo por todo el mundo.

Probablemente es el aislamiento de nuestros amigos australianos, sintiendo que se encuentran al final del globo terráqueo, junto con el hecho de darse cuenta de la dureza del corazón australiano, lo que ha constituido los factores principales para poder mover a nuestros amigos a rendirse completamente delante del Señor. No importa qué tan atrás vaya yo en la memoria, nunca he tomado parte en nada como esto, en todos mis años de ministerio. Por lo tanto, permíteme iluminarte con algunas de las cosas tan extraordinarias que sucedieron.

Sentados a los pies de Jesús

Esta fue la manera como Dios presentó el propósito de esta reunión: sentarse a los pies de Jesús de la misma forma como lo hizo María, y no como Marta, que trató de servir a Jesús y de agradarlo por su propia iniciativa, igual como lo estamos haciendo nosotros. Para entrar en el reposó de Jesús, el cual es el reposo de nuestras propias obras, igual que Dios, después de haber creado los cielos y la tierra en seis días, reposó de Sus propias obras en el día séptimo. Esto ha probado ser muy difícil para todos nosotros. Cada vez que tratamos de sentarnos en silencio delante de la presencia de Dios, pasan sólo cinco minutos y alguien no es capaz de esperar ni un solo segundo más, y tiene que romper esta espera con una profecía, con un canto, o leyendo alguna Escritura. Todo esto prueba lo difícil que es para nosotros esperar y dejar que el Espíritu Santo tomé la iniciativa. Gracias a Dios que teníamos mucho tiempo delante de nosotros, puesto que eran tres semanas completas. En forma muy lenta pero muy segura, pudimos aprender a solamente esperar hasta que el Espíritu Santo comenzaba a soplar Su viento apacible entre todos nosotros. Qué difícil es para todos simplemente disfrutar de la presencia de Dios sin tener que ejercitar ningún tipo de actividad.

Contemplando la gloria de Dios

Segunda de Corintios 3:18 se convirtió en un versículo muy vivo para todos nosotros. "*Pero nosotros todos, con el rostro descubierto, contemplando como en un espejo la gloria del Señor, estamos siendo transformados en la misma imagen de gloria en gloria, como por el Señor, el Espíritu*". Venir a colocarse debajo del Señorío completo del Espíritu Santo equivale a venir cara a cara delante de Jesús. [Esto es exactamente lo que yo he estado deseando comunicarte a través de este capítulo]. A la luz de Su gloria y de Su perfección podemos medirnos a nosotros mismos, en todas nuestras incapacidades, y ser expuestos al poder transformador de Su Espíritu Santo cambiándonos hacia la imagen de Su amado Hijo. Qué diferente es este camino comparado con nuestros intentos de mirarnos a nosotros mismos y desesperarnos, al ver todo lo que nos falta de la semejanza de Cristo Jesús en nuestro carácter. Dios nos ha llamado a todos juntos, no de la manera como esperábamos, para derramar en nosotros solamente un nuevo conocimiento e información, sino para transformarnos a la misma semejanza de Su amado Hijo Jesús.

El camino vertical

Para mí en forma personal, ocurrió un cambio en toda mi manera de pensar. Como alguien que ha sido muy activo en el movimiento de oración por más de veinte años, y había desarrollado una manera para discernir los problemas y lugares, por medio de ayudarme con la información que se encontraba disponible, y por medio de usar mi mente analítica. Al estar contemplando a Jesús y esperando venir cara a cara con Él, puede descubrir que cualquier verdadero discernimiento con relación a todo tipo de situaciones, sólo viene cuando miramos todo esto a través de Su rostro. Si queremos una verdadera imagen de nosotros mismos, necesitamos vernos en la manera como Jesús nos mira. Si queremos saber dónde se encuentra parada la iglesia en este momento, y como está la situación en nuestra nación, podemos mirarlo desde una perspectiva horizontal y medirlo a través de las apariencias externas, pero con todo esto, terminaríamos con una imagen completamente equivocada y falsa. Es solamente a medida que contemplamos el rostro del Señor Jesús, y que venimos a entender la carga que Él tiene por Su iglesia y por este mundo, que podemos aplicar nuestras oraciones y nuestros ministerios con gran efectividad.

Enamorándonos de Jesús

Cuando la gente se entrega completamente a buscar al Señor Jesús en un período de tres semanas completas, uno esperaría que ellos terminarían siendo atraídos completamente hacia la intimidad con Cristo Jesús. Y eso fue lo que sucedió. El descubrimiento general de todo este tiempo de comunión, resultó en darnos cuenta profundamente de lo lejos que nos encontrábamos de nuestro primer amor y de estar centrados en Cristo Jesús, habiendo estado acostumbrados a vivir nuestras propias vidas—aún como Sus siervos. Por lo tanto, el llamamiento consistió en entrar a la recámara nupcial, y enamorarse de nuestro Novio celestial, regresando a nuestro primer amor, y haciendo a Jesús el centro y foco de todo lo que estábamos haciendo. Y así fue como sucedió. A medida que Él continuó derramando Su amor tan grande sobre nosotros, nos rendimos más y más ante Él, y el gozo y adoración crecieron en calidad y en fuerza. Al final, sesiones enteras fueron dedicadas solamente a la revelación de Su amor. Habíamos perdido todo tipo de ambición de ser líderes efectivos, y sólo queríamos estar con Jesús más y más. El Cantar de los Cantares, con todas sus imágenes ricas en el desarrollo de la relación amorosa entre el esposo y la esposa, se convirtieron en la guía para nosotros a través de todo este tiempo. Yo sé que estoy usando palabras muy grandes y complicadas cuando digo que nada en mi vida se podía comparar con estas semanas. Pero estoy convencido que no importa qué tan grande puede sonar este tipo de declaración, esto es la verdad. Y a medida que estoy escribiendo este artículo, tengo un deseo muy fuerte en mi corazón de que se me permita continuar en esta dirección, buscando a Jesús. Esto lo que yo deseo también para todo el pueblo de Dios, de tal manera que todos ellos puedan tener el más grande gozo de ser parte de una reunión de este tipo en un futuro cercano.[1]

Incluí este relato debido a que quiero moverme del ámbito de la teoría hacia el ámbito de la experiencia práctica. Esto es un ejemplo de lo que puede suceder

[1] Tomado de *International Fellowship of Intercessors Newsletter*, septiembre de 1992, basado en la presentación verbal del autor. Usado con permiso.

cuando la gente se toma el tiempo necesario para esperar en Dios.

Si tú sientes que existe una barrera entre tú y Dios, que existen cosas en tu vida, que se han interpuesto entre el Señor Jesús y tú, que no estás escuchando a Dios en la forma como tú deseas, es tiempo de acercarse a Él y esperar en Él. Tú puedes confesar todas estas cosas y ser liberado de ellas, aclarando completamente tu relación con Dios.

Yo quiero concluir por medio de volver a enfatizar esta verdad: la manera para poder vivir como un verdadero hijo de Dios consiste en ser guiado constantemente por el Espíritu Santo. Esto es exactamente, tal y como Jesús lo dijo, *"Mis ovejas* ***oyen mi voz,*** *y yo las conozco* ***y me siguen****"* (Juan 10:27, se añadió énfasis). La vida en el Espíritu Santo significa escuchar en forma regular y seguir regularmente. No es un proceso de subidas y bajadas esporádicas. Es una relación continua y regular con nuestro Padre celestial, a través de Su Hijo Cristo Jesús, y por el Espíritu Santo.

Acerca del autor

Acerca del autor

Derek Prince (1915–2003) nació en Bangalore, India, dentro de una familia militar británica. El fue educado como un escolar en lenguas clásicas (griego, latín, hebreo, y arameo) en el Colegio de Eton, y en la Universidad de Cambridge en Inglaterra, y más tarde en la Universidad Hebrea en Israel. Como estudiante, él fue un filósofo y se proclamaba a sí mismo como un ateo. El dirigió una comunidad de estudiantes en las cátedras de filosofía antigua y filosofía moderna en el Colegio King en Cambridge.

Mientras que se encontraba en las fuerzas armadas del ejército británico, dentro del contingente médico, durante la Segunda Guerra Mundial, Prince comenzó a estudiar la Biblia como una obra filosófica. Siendo convertido a través de un encuentro poderoso con Cristo Jesús, él fue bautizado en el Espíritu Santo, pocos días más tarde. Esta experiencia transformadora alteró todo el curso de su vida, la cual él dedicó más tarde a estudiar y enseñar la Biblia como la Palabra de Dios.

Habiendo sido dado de baja del ejército en Jerusalén, en el año de 1945, se casó con Lydia Christensen, quien era la fundadora de una casa para niños huérfanos en ese lugar. Después de haberse casado, de inmediato se convirtió en padre de las ocho hijas que Lydia había adoptado—seis niñas judías, una niña árabe palestina, y una niña inglesa. Todos juntos como familia, tuvieron la oportunidad de ver el nuevo nacimiento del estado de Israel en el año de 1948. A finales de los años 1950s, la familia Prince adoptó otra hija mientras que Derek se encontraba trabajando como el director de un colegio en Kenia.

En 1963, la familia Prince emigró a los Estados Unidos de América y Derek pastoreó una iglesia en Seattle. Movidos por la tragedia del asesinato de John F. Kennedy, él comenzó a enseñarle a los americanos como podían interceder por su propia nación. En 1973, él se convirtió en uno de los fundadores de la organización Intercesores para América. Su libro llamado *Formando Historia a Través del Ayuno y la Oración* ha despertado a los cristianos alrededor de todo el mundo para que vuelvan a tomar su responsabilidad de orar por sus propios gobiernos. Muchos consideran las traducciones subterráneas de este libro como un instrumento básico en la caída de los regímenes comunistas en la Unión Soviética, Alemania del Este, y Checoslovaquia.

Lydia Prince murió en 1975, y Derek se casó con Ruth Baker (una madre soltera que había adoptado tres hijos) en 1978. Él conoció a su segunda esposa, de la misma manera como había conocido a la primera, mientras que estaba sirviendo al Señor en Jerusalén. Ruth murió en diciembre de 1998 en Jerusalén, donde ellos habían vivido desde el año de 1981.

Fue sólo pocos años antes de su propia muerte en el año de 2003, a la edad de 88 años, que Prince persistió en el ministerio al cual Dios lo había llamado para viajar por todo el mundo, impartiendo la verdad revelada de Dios, orando por los enfermos y afligidos, y compartiendo sus puntos de vista proféticos con relación a eventos mundiales, comparados ante la luz de las Escrituras. Él escribió más de cuarenta y cinco libros, los cuales han sido traducidos en más de sesenta idiomas, y distribuidos por todo el mundo. Él comenzó enseñanzas en temas que nunca habían sido tocados antes, tales como las maldiciones generacionales, la importancia bíblica de Israel, y la demonología.

El ministerio de Derek Prince con sus oficinas internacionales en Charlotte, estado de Carolina del Norte, sigue distribuyendo sus enseñanzas, y entrenando ministerios, líderes de iglesias, y congregaciones a través de las sucursales que tienen por todo el mundo. Su programa de radio, *Claves para Vivir Exitosamente* (ahora conocido como *El Legado de Radio de Derek Prince*), comenzó en el año de 1979, y ha sido traducido a más de una docena de idiomas. Se estima que las enseñanzas de la Biblia de Derek Prince, claras, interdenominacionales, que en ninguna forma son sectarias, han alcanzado más de la mitad del globo terrestre.

Reconocido internacionalmente como un erudito de la Biblia y como un patriarca espiritual, Derek Prince ha establecido un ministerio de enseñanza que abarcó seis continentes y que duró más de sesenta años. En el año 2002, él dijo, "Es mi deseo—y yo creo que es el deseo del Señor—que este ministerio continúe esta obra, la cual Dios comenzó a través de mi hace más de sesenta años, y que lo haga, hasta que Jesús regrese otra vez".

www.ingramcontent.com/pod-product-compliance
Lightning Source LLC
LaVergne TN
LVHW050640100826
845148LV00011B/1923

* 9 7 8 1 6 0 3 7 4 2 2 0 7 *